땅끝에서 복음으로 살아가는
사람들의 생생한 선교 이야기

땅끝 거인

최종오 지음

모리슨

땅끝 거인

지은이 | 최종오
발행일 | 2024년 11월 11일
발행인 | 최순환
발행처 | 도서출판 모리슨
등록번호 | 제2-2116호(1998.12.17)
주소 | 경기도 여주시 대신면 윤촌2길 29-2
연락처 | 010-2354-4935
E-mail | morisoon@hanmail.net
ISBN | 979-11-91498-29-5 03230
저자 E-mail | apmission@hanmail.net

값 20,000 원

땅끝
거인

땅끝에서 복음으로 살아가는 사람

땅끝
居人

땅끝

김한주, 황현중, 장원전, 백승훈, 최종오

거인

■ 책을 열며 ■

땅끝에서 끝날까지 복음의 밀알이 되어

　21세기 가장 큰 현상은 기독교의 쇠락과 탈(脫) 교회의 현상과 맞물려 포스트 팬데믹이라는 삼중고에 직면해 있다. 또한, 세계 곳곳에서 다발적으로 일어나고 있는 국지전쟁과 자연환경의 파괴로 인한 불안과 이상 현상들이 나타나고 있다. 고도화된 문명은 인간성을 파괴하여 사회 공동체를 위협하는 범죄의 증가는 디스토피아(Dystopia) 문명의 부메랑이 되고 있다.

　21세기 가장 큰 화두로 떠오른 인공지능(Artificial Intelligence)은 인간을 대체할 수 있는 위협적인 존재로 다가오고 있다. 인공지능 상용화 시대를 맞아 AI 기술을 이용한 범죄 또한 심각한 사회문제로 대두되고 있다. 모든 기술의 근본은 인류를 위한 선용적 사용이 전제되어야 한다. 하지만 물질주의와 자본주의는 악의적 사용을 허용하고 묵인하고 있다. 인공지능 시대에 순기능과 역기능의 양자 사이에서 제도와 법률의 기준은 미비한 수준이다.

　요즘 들어 늘어나고 줄어드는 것이 있다. 수명의 연장, 고령 인구, 1인 가구, 빈곤층, 무신론자, 가계부채, 비혼주의자들은 증가하는 반면 저출산, 인구감소는 경제활동인구, 학령인구, 종교 활동인구는 감소 현상으로 나타나고 있다. 비혼과 저출산은 한 개인의 문제를 넘어 국가 경쟁력에 심각한 위험요소가 되고 있다. 지방소멸이 이미 시작되었다. 농촌자경인구 감소는 휴경지 확산으로 인해 식량 자급에 저하로 나타나고 있다.

최근 논란이 일고 있는 스위스 '사르코 캡슐'(Sarco Capsule)이다. 존엄사 조력을 목적으로 개발 제작된 캡슐이다. 사르코 캡슐이 상용화되면 18스위스프랑(한화 약 2만8천 원)의 저렴한 비용을 지불하면 10분 안에 고통 없이 사망할 수 있다. 문제는 기독교 선교의 꽃이라 할 수 있는 미국과 네덜란드에서 조력 사망과 안락사를 가장 빠르게 도입하고 합법화한 국가라는 것이다. 20세기만 해도 네덜란드 전체인구 60%가 칼뱅주의 개혁교회 신도를 차지할 정도로 보수 정통 기독교 강국이라 더 충격을 주고 있다.

한국은 적극적 안락사와 소극적 안락사 모두 법적으로 허용하지 않고 있다. 2009년 대법원 존엄사를 처음으로 허용한 이후로 존엄사에 대한 논의가 활발해지고는 있지만, 극소수의 환자에게 허용된 사례만 존재한다. 타락한 인간의 존엄성과 가치, 자기 결정권, 행복 추구권 등으로 미화된 사회언어로 포장되어 합법적 타락의 기반을 마련하는 일련의 도전은 단순히 공론의 때나 제도의 미비의 문제가 아니다. 어쩌면 인간 스스로 파멸의 길을 자처하여 걸어가는 형국이다. 조력 사망이든, 안락사, 존엄사든 간에 죽음 후에는 하나님의 분명한 심판이 기다리고 있다.

21세기 기독교와 교회는 참 험난한 시대 상황에 직면해 있다. 하나님의 공의와 사랑은 항상 공존한다. 공평하신 하나님이시기 때문이다. 이런 말세지말의 때를 살아가는 이 시대의 유일한 희망과 소망은 '십자가의 복음' 밖에는 없다. 이것이 하나님의 구원역사에 귀결이며 오늘날 일어나는 모든 문제를 해결할 수 있는 결론이다. 21세기를 살아가는 모든 인류에게 길이요(The Way), 진리요(The Truth), 생명(The Life)이신 복음의 핵심인 예수 그리스도가 유일한 구원이 되신다.

> 땅의 모든 끝이 여호와를 기억하고 돌아오며 모든 나라의 모든 족속이 주의 앞에 예배하리니 나라는 여호와의 것이요 여호와는 모든 나라의 주재심이로다(시편22:27-28)

온 인류를 구원하시기 위해 이 세상에 성육신하신 하나님의 아들 예수 그리스도는 하나님으로부터 최초 파송 받은 선교사의 원형, 원조이시다. 예수 그리스도의 이름으로 현존하는 무덤, 기념관, 서적, 교단, 교회, 기도원, 신학교, 선교센터 하나 남기신 일이 없다. 소유하신 재산이나 소유권을 주장할 만한 것 하나 없다. 하지만 이 세상을 사랑하고 구원하시기 위해, 하나님 아버지의 뜻을 이루시기 위해 이 땅에 오신 유일한 이유는 하나님의 형상으로 창조되어 타락한 하나님의 백성들에 대한 구원의 책임을 지기 위해서이다. 그리고 대위임명령(The Great Commendment)을 유언하시고 제자들을 남겨놓으셨다.

> 그가 이르시되 네가 나의 종이 되어 야곱의 지파들을 일으키며 이스라엘 중에 보전된 자를 돌아오게 할 것은 매우 쉬운 일이라 내가 또 너를 이방의 빛으로 삼아 나의 구원을 베풀어서 땅끝까지 이르게 하리라. (이사야46:9)

대속죄의 어린 양의 제물이 되어 십자가에 달려 죽으시고 완전한 육체로 부활하신 그 예수 그리스도는 지상에서 마지막 40일 동안 떠날 채비를 했다. 그것이 성령과 복음의 중요성과 긴박성이다. 이 복음은 첫째는 유대인과 할례받지 못한 이방인에게까지 친히 성령이 복음을 증거하신다. 이 성령은 제자들에게 임하여 부활의 증인으로 세워 박해라는 시대 상황으로 흩어져 제 몫을 담당하여 오순절 마가 다락방에서 출발하여 땅끝까지 전파되어 오늘도 이

시대에 남겨진 하나님의 사람들을 통해 끝날까지 전파되고 있다.

> 하나님이 말씀하시기를 말세에 내가 내 영을 모든 육체에 부어 주리니 너희의 자녀들은 예언할 것이요 너희의 젊은이들은 환상을 보고 너희의 늙은이들은 꿈을 꾸리라 그때 내가 내 영을 내 남종과 여종들에게 부어 주리니 그들이 예언할 것이요. (사도행전2:17-18)

성령은 오늘도 하나님의 뜻을 지상에 이루시기 위해 '성도'라 이름하는 사람 중에 복음이 실제가 되고 삶의 전부가 되어 헌신하는 이들에게 오순절 성령은 땅끝에서 끝날까지 복음의 증인들을 오늘도 부르시고 보내신다. 마지막 때에 성령을 부으셔서 복음의 증인들을 성전 삼아 성령은 세상 끝날까지 항상 임마누엘 하셔서 보냄 받은 자와 함께 예수가 그리스도이심을 친히 증언하신다.

이 얼마나 감격스럽고 황홀한 부르심이 아닌가. 우리를 성령으로 부르신 목회자, 보내신 선교사, 세워진 교회, 흩어진 하나님의 백성들이 되어 예수 그리스도가 그러했던 것처럼 하나님의 뜻이 이루어져 복음을 영화롭게 하는 땅끝의 거인(居人)으로 세상 끝날까지 다시 오실 주님을 맞이해야 한다. 세기의 마지막 날에 복음으로 땅끝에서 살아가는 거인들이 많아지기를 열망한다. '땅끝 거인'은 예수 그리스도의 재림을 대망하며 준비하는 착하고 충성된 사람들이다.

2024년 11월 11일
최종오

■ 땅끝 거인 이야기 순서 ■

책을 열며   6

땅끝 거인 1.   12
캄보디아에 울려 퍼지는 복음의 힘찬 구령 소리 / 김한주 선교사

캄보디아의 이모저모 / 하나님의 부르심 / 아주 특수하고 특별한 진짜 사나이 / 이름도 생소한 태권도 선교사로 인도하심 / 태권도 비자가 발급되다 / 경찰학교 태권도 개관식으로 경찰태권도 클럽이 시작되다 / 행운의 사나이로 불리다 / 국가 유공자가 되다 / 태권도 선교훈련원을 개원하다 / 수도방위 군사령부에 '우정의 체육관'을 세우다 / K-비보이와 힙합 팀이 오다 / 빼앙째앙 교회가 건축되다 / 캄보디아 선교를 향한 열정 / 땅끝 거인의 가족 이야기 / 나의 달려갈 그 길 / 주님 말씀하시면

땅끝 거인 2.   66
두마게티에 퍼지는 복음의 레시피 / 황현중 선교사

프롤로그 / 두마게티의 이모저모 / 하나님의 부르심 / 갑자기 목사님 될래요! / 논두렁, 밭두렁 개척교회 / 사도행전 강해 설교가 선교 행전으로 / 요상한 아줌마의 이상한 세 가지 질문 / 아내의 쿨한 승낙 잘 다녀오세요 / 공짜는 없다 / 우리는 자연인이다 / 니파에서 별 헤는 밤, 기도하는 밤 / 헌 집 줄게 새집 다오 / 여기까지가 끝인가 보오 / 목사님, 커피값 주셔야죠? / 대장암 3.5기에서 살아나다 / 유튜브 채널-밥먹자GO(Bapmukjago) / 다시, 처음처럼 / 땅끝 거인의 가족 이야기 / 폐가(廢家)와 폐차(廢車) / 하나님의 위대한 비전을 담는 그릇이 되다 / 네 나이가 어때서 네 자손을 통하여 / 은혜

■ 땅끝 거인 이야기 순서 ■

땅끝 거인 3.   **114**

필리핀 일로일로(ILOILO) 오세요 / 장원전 선교사

필리핀의 이모저모/ 하나님을 만나다 / 확실한 부르심 / 선교사가 되기 위해 목사가 되다 / 어디로 가야 할까? / 아내의 부르심/ 일로일로에 도착하다 / 교회를 세우기로 하다 / 하나님이 예비하신 장소 / 찬양의 능력 / 소매치기 / 한 사람을 훈련하며 뼈저리게 배운 필리핀 문화 / 초롱초롱 눈망울을 가진 100명의 아이들 / 학부모를 전도하다 / 은혜로운 예수교회 / 욕심은 죄를 낳고, 분열과 새로운 시작 / 시련은 더 큰 시련으로 찾아온다 / 경제적 자립을 돕다 / 소액대출 프로그램 / 교육지원 프로그램 / 사람을 살리는 노래

땅끝 거인 4.   **162**

에티오피아 아파르 종족, '오뜨기' 가족 이야기 / 백승훈 선교사

에티오피아의 이모저모 이야기 / 아파르 종족으로의 부르심 / 진짜 선교사가 되어가다 / 비자(visa) 여행을 다니다 / 익숙함과 다름을 넘어 '코마메'로 가다 / 무지개 기숙사를 개원하다 / 유치원의 시작은 이랬다 / 땅끝 거인 '오뜨기' 가족 이야기 / 갈보리 산 위에

땅끝 거인 5.   **210**

하나님 나라 확장과 선교 완성을 위한 갈망의 소고 / 최종오 목사

우리의 자화상 / 포스트 팬데믹 / 자가당착, 신앙의 자유 시대선언 / 한민족 디아스포라의 선교적 재발견 / 한민족 디아스포라의 무한한 선교자원 계발/ 땅끝 거인의 길

땅끝 거인 1.

캄보디아에 울려 퍼지는 복음의 힘찬 구령 소리

땅끝 거인 1.
캄보디아에 울려 퍼지는 복음의 힘찬 구령 소리

김한주 선교사

김한주 선교사는 1993년 캄보디아로 파송 받았다. 캄보디아 태권도 국가대표 초대 감독, 교회 개척, 큰숲기독국제학교, 태권도 보급과 스포츠 선교를 감당하고 있다.

✤ 캄보디아의 이모저모

　캄보디아의 역사적 시초를 살펴보면 인도차이나반도에 첫 번째 국가인 '푸난'이 건국된다. 푸난의 건국 이후 기원후 1세기부터 6세기 말까지 번영을 한다. 기원후 9세기에 힌두교도인 자야바르만 2세가 등장하여 주변 소국들을 정복한 후 통합된 국가를 건국하게 된다. 802년 앙코르(Angkor)를 수도로 하는 왕조를 세웠는데 이것이 크메르 제국(Khmer Empire)이다. 13세기 초 크메르 제국은 그 세력이 약화하여 제국에서 14세기에는 소국으로 전락되어 주변국에 기대어 유지되다가 1431년 미얀마 아유타야의 침략으로 앙코르는 함락되고 프놈펜으로 천도하게 된다. 이뿐만 아니라 18세기에 들어서 베트남에서 일어난 '떠이선 파티의 반란'으로 인해 크메르 제국은 황폐해진다.

　1863년 중국 청나라와 프랑스의 전쟁으로 캄보디아는 프랑스 보호령을 받는 식민 지배에 놓이게 된다. 2차 세계대전이 발발하면서 1940년부터 1945년 8월까지 일본의 점령하에 놓이게 된다. 이런 와중에도 프랑스는 식민지들을 독립시켜줄 의향이 없었다. 인도차이나반도에서 9년간의 전쟁을 치르면서 9만 명의 사망자, 11만 명의 부상자, 3만 명의 포로가 발생한다. 이처럼 프랑스는 끔찍한 패배를 경험한다. 1953년에 프랑스의 식민 지배하에서 캄보디아 왕국으로 독립한다. 하지만 베트남 전쟁과 크메르루주(Khmers

rouges)가 득세하면서 파국으로 치닫게 된다. 크메르루주는 캄푸치아 공산당의 무장 군사조직으로, 당 자체를 지칭하는 데 사용되기도 한다. 공산당 정권의 붕괴 이후까지 반군 조직으로 활동했다. 문제는 크메르루주의 준동과 베트남 공산당의 개입으로 내전이 발생하는데 이 시기에 대량학살인 킬링필드(Killing Field)가 일어난다.

　킬링필드를 두 시기로 나눌 수 있는데 1차 킬링필드는 1969년 3월 18일부터 1970년 5월 26일까지 베트남과의 전쟁 중이었다. 1969년 3월 작전명 'Operation Menu' 미군이 퍼부은 54만 톤의 포탄 폭격으로 수십만 명의 민간인 희생과 중상자가 발생하여 평생 장애를 가지고 어려운 생활을 해야 했다.
　2차 킬링필드는 1975년에서 1978년 사이 민주 캄푸차시기에 캄보디아의 군벌 폴 포트가 이끄는 크메르루주라는 무장 공산주의 단체에 의해 저질러진 학살을 말한다. 원리주의적 공산주의 단체인 크메르루주는 3년 7개월간 전체 인구 700만 명 중 3분의 1에 해당하는 200만 명에 가까운 국민을 강제노역하게 하거나 학살하였다.

1989년 이후 베트남군이 철군하였고 1991년 파리 평화협정으로 종전이 공식인정 된다. 1993년 노로돔 시아누크 국왕을 세우고 캄보디아 왕국으로 국명을 개명한다. 1997년 7월에 크메르루주와 푼신펙(국왕 아들이 이끄는 왕족당)당이 손을 잡고 훈센 총리가 이끄는 CPP(캄보디아 인민당) 당을 몰아내려는 음모를 꾸며 정권을 장악하려고 하였으나 이 음모를 CPP에서 알게 되어 오히려 전세가 뒤바뀌는 내전이 있었다. 이 내전을 계기로 1998년 7월에 치러진 총선에서 CPP 당이 국회의원 70% 이상의 의석을 차지하면서 정치적인 입지를 다지며 2023년 8월 22일까지 캄보디아 왕국 총리로 안정적인 정치를 하여왔고, 현재 캄보디아 제33대 총리로 훈센 전 총리의 장남 훈 마넷이 총리가 되어 정치를 하는 상황이다.

캄보디아는 전 세계에서 가장 빠른 경제 성장세를 보이는 나라이다. 국내총생산 GDP(Gross Domestic Product)와 1인 GDP의 성장세를 10년 주기로 정리하면, 1994년은 캄보디아 선교사로 파송 받아 본격적인 사역을 시작한 해를 기점으로 삼는다. 캄보디아 국내 GDP는 1994년 9.2%, 2004년 10%,

2014년 7.1%, 2023년 5.5%, 2024년 6.2%로 전망한다. 10년 평균 7.95%의 성장하였다. 그렇다면 국민 1인 GDP는 1994년 353.96 USD, 2004년 627.01 USD, 2014년 1,110 USD, 2023년 1.550 USD, 2024년 2,071 USD로 전망한다. 10년 평균 910, 24 USD의 국민소득이 증가했다.

국민소득의 증가는 기독교 인구 증가율의 상관관계에도 영향을 미칠 것이기 때문이다. 경제성장을 거듭할수록 내수 경기가 살아나고 일자리가 많아진다. 취업률이 늘어나면 소득이 증가한다. 따라서 단순한 일이라도 일을 하면 일정 수준의 소득이 발생한다. 노동의 시간과 소비 시간은 상대적으로 증가한다. 이러한 경제성장은 국가와 국민에게는 고무적인 일이지만 선교에 있어서 산업사회와 자본주의의 영향으로 한국 교회의 쇠퇴 전철을 밟지 않도록 대비해야 한다. 경제성장은 왕성한 소비로 나타나고 있다.

전 세계인의 'K-푸드'의 열광 속에 드디어 2024년 6월 23일 캄보디아 프놈펜의 명동거리라 불리는 '벙깽꽁'에 한국의 편의점 '이

마트 24' 1호점이 230㎡(70평) 규모로 진출했다. 물론 현지 반응은 뜨겁다. 이밖에도 다양한 브랜드의 한국 가맹점들이 매장을 열고 성업에 대박을 터트리고 있다. '한국 제품은 모든 것이 좋고 맛있다'라는 인식이 자리 잡고 있다.

캄보디아와의 외교 관계는 대한민국이 1970년 5월 친서방 성향의 크메르 공화국과 183번째 수교하면서 시작되었다. 그러나 1975년 4월 공산화되면서 단교로 인한 대사관 철수를 하였다. 공교롭게도 크메르 공화국이 그해 북한과 공식 외교 관계를 맺음에 따라 당시 인도차이나반도 국가 중에서는 라오스, 베트남 등과 함께 북한 단독 수교 국가로 분류되기도 했다. 그러나 1996년 대표부 설치가 합의되었고 이듬해인 1997년 10월에 대한민국과 외교 관계가 재개되었다.

대한민국 외교부에 따르면 교민현황은 캄보디아 내 한국인은 7,800명(2023년 기준, 외교부), 한국 내 캄보디아인은 59,378명(2024.3월 기준, 법무부)이다. 인적교류 현황(2024.3월 기준) 한국에서 캄보디아로 방문하는 사람은 66,498명 (캄보디아관광청)이고 캄보디아에서 한국을 방문하는 사람은 11,672명 (한국관광공사)이다.

캄보디아의 주요 종교로는 크메르루주에 의해 박해를 받았던 소승 불교가 95%, 이슬람교 3%, 기독교가 2% 정도를 차지하고 있다. 세계기독교인데이터베이스(W.C.D.B) 2020년 자료에는 기독교가 3% 정도 성장한 것으로 나타나고 있다. 캄보디아 종교적 우위를 차지하는 소승 불교인 상좌부불교(上座部佛敎) 는 테라바다 또는 테라와다(Theravada)라고 하는데 부처의 계율을 원칙대로 고수하는 불교를 말한다.

캄보디아 기독교 선교는 2024년 기준 101주년이 된다. 미국

Arthur L. Hammond 선교사 가족

C&MA[1] (Christian and Missionary Alliance) 소속의 함몬드(Arthur L. Hammond, 1896년 8월 13일-1979년 7월 21일)선교사 부부가 1923년에 프놈펜에 도착하여 교회를 개척하고 성경을 크메르어로 번역하면서 시작되었지만, 악명 높았던 킬링필드 학살로 200만 명이 숨졌을 때 기독교인의 90%도 순교하거나 도피하는 상황을 맞이했다. 함몬드 선교사는 1962년 은퇴한 후 1979년 83세로 일기로 사망한다.

1. C&MA 또는 The Alliance로도 알려진 기독교 선교 연합은 모든 민족에게 하나님의 사랑을 전하고자 하는 신자들로 가득한 복음주의 교단이다. 얼라이언스는 1881년 목사 A.B 심프슨(Albert Benjamin Simpson, 1843년 12월 15일 - 1919년 10월 29일)이 예수님을 온전히 경험하고 뉴욕시의 소외된 부두 노동자들에게 그분을 알리기 위해 헌신하는 소규모 신자 그룹을 조직하면서 탄생했다. Alliance는 항상 하나님의 부르심을 따르고, 그분의 희망을 모든 나라에 전하고, 예수를 전 세계에 전파하려는 우리의 비전을 실행하고자 했다. 2,000개의 미국 교회와 70개국에서 일하는 700명 이상의 국제 근로자를 통해 고통받고 간과된 사람들을 돌봄으로써 C&MA는 대 명령을 성취하기 위해 모든 부족과 언어로 예수님의 이름이 선포되는 것을 보고 싶어 한다. 우리의 사명은 모든 민족을 제자로 삼고 예수님을 전 세계로 전하는 것이다. 한국 성결교회의 모체는 미국의 카우만(Cowman,C.E.) 부부와 킬버른(Kilbourne,E.A.)에 의하여 극동지방 선교를 목적으로 1901년에 설립된 동양선교회(東洋宣教會, The Oriental Missionary Society)이다. 심프슨(Simpson,A.B.)의 사중복음, 즉 중생하게 하는 그리스도, 성결하게 하는 그리스도, 치료하게 하는 그리스도, 재림하는 그리스도라는 교리에 근거한 것으로, 이는 감리교의 창시자인 웨슬리(Wesley,J.) 사상의 유산이기도 하며, 복음주의사상의 계승으로 볼 수가 있다. 한국성결교회는 일본 동경에서 동양선교회 소속 성서학원을 졸업한 정빈(鄭彬)·김상준(金相濬) 두 사람이 1907년에 귀국하여 서울 종로에 복음전도관을 세움으로써 시작되었다. 한국성결교회의 시초는 교단교회부터의 출발이 아닌 동양선교회로부터 종로 전도관 전도로부터 기인한다.

같은 해인 1923년 또 한 명의 엘리슨(David W. Ellison, 1898년 6월 12일-1963년 9월 27일) 선교사 가족이 합류한다. 이들의 사역은 교회를 개척하는 일과 신학교 사역

David W. Ellison 선교사 가족

을 하였다. 하지만 1963년 9월 캄보디아 선교 40주년이 되던 해 심장마비로 65세의 일기로 순직한다.

그 후 1980년대 이후 캄보디아 선교가 꾸준히 계속되면서 기독교인이 증가하기 시작했고 'World Christian Database' 자료에 따르면 '2020년 캄보디아의 기독교 인구는 전체 인구의 약 3%까지 증가했다'라고 보고하고 있다. 자료마다 정도의 차이는 있지만 분명한 것은 캄보디아 복음화는 확장되고 성장하고 있다. 한국교회가 캄보디아 선교를 본격적으로 시작한 때는 1993년을 기점으로 삼는다. 이 시기에 각 교단 및 선교 단체, 개인 파송된 많은 선교사가 캄보디아에 사역을 펼치게 된다. 올해로 한국교회 캄보디아 선교를 위한 역사는 31년을 맞이한다.

✣ 하나님의 부르심

주일이면 어김없이 '땅~그랭 땡~그렁 울려 퍼지는 교회 종소리' 철없던 유치원 시절, 교회가 뭐 하는 곳인지도 잘 알지 못하고 그저 재미나는 이야기와 즐거운 놀이, 그리고 맛있는 간식을 먹는 곳으로 생각하고 다니던 교회가 나의 삶의 중요한 결정을 내리게 하는 장소가 될 것이라고는 눈곱만큼도 생각하지 못했다.

유년 시절과 청소년 시기를 거치면서 교회에서 어린이 주일학교 학생회가 조직되면서 임원으로 활동을 하게 되었다. 고등학교에 진학하게 되면서 미래에 관한 생각들이 많아지던 시기인 고 1학년 여름 수련회에서 내 인생의 첫 번째 성령세례를 경험하였다. 나는 강한 성령의 임재와 함께 주체할 수 없는 회개의 눈물이 나의 얼굴을 가득 채웠다. 예수 그리스도의 사랑이 나의 맘속에 임하는 순간, 나는 거부할 수 없는 그 무언가의 강한 힘, 사랑, 기쁨이 몰려왔고, 주마등과 같은 나의 삶의 잘못했던 죄악들이 파노라마처럼 펼쳐지면서 내 입에서는 통곡의 소리가 터져 나왔다.

수련회를 통해 주님과의 인격적인 만남은 내 생각과 습관들을 바꾸기 시작했다. 새벽기도회, 수요기도회, 토요학생부 예배, 금요철야 기도회, 주일 낮 예배와 저녁 예배 등등 교회에서 드리는 예배는 어른들이 주중에 드리는 구역예배 외에는 모두 참석하게 되고, 매일 저녁 몇 명의 학생들이 저녁 기도 시간을 갖게 되었다. 교회는 더는 나의 놀이터가 아니라 하나님과 만나는 은혜의 장소요, 기도는 하나님과 대화하는 친밀한 교제의 시간이 되었다.

주님과 만나기 전에는 기도가 제일 어려운 일이라 여겨질 정도로 기도를 제대로 하지 못했다. 특히 학생회 임원으로 활동하면서 돌아오는 예배시간의 대표기도 순서는 나에게 가장 무거운 짐으로 여겨졌다. 하지만 예수님을 인격적으로 만난 후에는 기도 시간이 기쁨이고 대표기도가 너무 하고 싶어서 다른 사람의 기도순서를 대신 맡아 기도하기도 하였다.

고등부 학생회 총무를 맡은 고등학교 2학년 진학하기 전, 2월 봄방학 기간에 중·고등부 학생회 부흥회가 3일 동안 열렸다. 강사님은 김무길 목사님이신데, 첫날부터 성령의 강한 능력이 임하는 시간이었다. 이 부흥회를 준비하면서 학생회 임원들은 전도사님의 지도하에 3일간 금식하며 기도로 준비하였다.

집회 첫날부터 하나님은 나에게 회개의 기도를 다시 시작하게 하셨고, 나는 간절한 마음으로 나의 죄를 자복하는 회개의 기도를 드렸다. 회개의 기도를 하는 도중에 나도 모르게 내 입에 이상한 말이 터져 나오기 시작하더니 그것이 멈추지 않고 계속되었다. 방언의 은사를 받은 것이었다. 방언의 은사를 받고 나서는 기도하는 시간이 길어졌고, 성령의 강한 임재를 느끼게 되었다.

어느덧 부흥회는 마지막 집회를 향해 너무나 빨리 지나가고 있었다. 마지막 집회 시간이 되었다. 강사 목사님은 말씀 도중에 주의 종으로 헌신하고자 하는 사람은 손을 들으라고 하였다. 그때 나의 오른손이 번쩍 들려졌다. 나 자신도 깜짝 놀랐다. 나도 모르게 내 오른손이 들려졌다. 이때 손을 든 학생들이 8명 정도 되었다. 그러자 강사 목사님은 손을 든 학생들을 강대상 앞으로 나오라고 하였고 그들을 위해 한 사람 한 사람씩 뜨겁게 기도해 주셨다. 나도 기도를 받는 중에 내 가슴이 뜨거워졌다. 학생부흥회는 성령 충만한 가운데 은혜가 넘치는 집회로 학생들을 변화시키는 계기가 되었다. 은혜를 받은 학생들은 매일 저녁 기도실에 모여 기도하였고, 복음을 전하고 싶은 전도의 마음이 뜨거워져 노방전도와 각자의 학교에서 친구들에게 복음을 전할 힘이 생겼다.

당시 우리 고등부 2학년에 15명 정도였는데 55명으로 늘어나는 전도의 역사가 일어났다. 고등부 학생회가 100명이 넘는 부흥이 일어난 것이다. 그다음에 3학년이 되면서 대입을 준비해야 하는데 나는 고등부 학생회 회장의 중책을 맡게 되었다. 대학 입시를 준비해야 함에도 불구하고 학생회장의 직책을 맡으면서 더욱 기도와 학업과 태권도를 계속하였다.

그해 여름방학 기간에 나는 중학교 3학년 초에 태권도 3단 승단을 하여 태권도를 통해 체육대학에 가고자 하는 생각과 주의 종이 되기로 헌신하였던 마음이 갈등을 일으키고 있었는데 감기몸살로 인해 꼼짝도 못 하고 5일 동안 앓게 되었다. 한여름에 겨울 솜이불을 뒤집어쓰고 벌벌 떨면서 아무것도 못 먹고 끙끙 앓고 있었다. 그때 주님은 나에게 운동을 잘하고 똑똑해도 감기몸살을 앓게 되니까 내 몸을 스스로 움직일 수조차 없게 되니 나 자신이 너무나 연약한 존재인 것을 깨닫게 되었고, 하나님께 주의 종이 되기로 헌신한 마음을 다시금 확인하게 하셨다.

5일째 되는 날에 신유의 은사가 있으신 교회 권사님이 병문안을 오셔서 나를 위해 기도해 주시자 나의 몸이 치료되었다. 이 일을 경험한 후로는 체육대학에 대한 미련은 없어지고 오직 주의 종이 되기 위해 성경을 읽으며 기도하였다. 고등학교를 졸업하면서 성결대학교 신학부에 입학했다. 다니던 교회에서는 유년부 교사로 임명을 받았고 대학교에서는 신학부 학생회 총무의 직책도 맡게 되었다.

당시 주일학교 예배는 오전과 오후 예배가 있었다. 오후 예배는 부장님이 설교하셨는데 새로이 시작된 새 학기부터 총무인 나에게 주일 오후 예배 설교를 하라고 하셨다.

고등학교를 이제 막 졸업한 나에게 신학생이라는 이유로 유년부 주일 오후 설교를 하라고 하셨다. 이것이 나에게 큰 부담으로 다가와서 수강 신청을 기독교 교육에 관련된 과목을 신청하여 시청각 교육, 인형극, 기독교 교육론 등을 수강하였다. 어린이전도협회에 등록하고 교사 교육에 관련된 세미나와 '3일 클럽' 같은 어린이 전도 훈련을 받고, 어린이부흥사 세미나에 참석해서 인형극 제작과 인형극을 통한 설교 등을 배웠다. 유년 주일학교를 섬기고 있었던 그때 나 역시 새로운 선택과 결정의 시간이 다가오고 있었다. 1학년 신학부의 시간이 끝나고 있었다.

♣ 아주 특수하고 특별한 진짜 사나이

　신학교 1학년생으로 처음 맞이하는 겨울방학 기간에 어릴 적부터 교회에서 함께 자란 친구의 공군 입대를 위해 병무청에 입대 지원신청을 하러 가게 되었는데, 그곳에서 특수부대 팻말을 보게 되었다. 모집관으로 보이는 사람은 군복이 아닌 사복 정장을 입고 있었다. 양쪽에는 해병대와 특전사 상사들이 있었는데 그들은 군복 정장을 입고 있었다.

　특수부대라는 빨간색 매직 글씨가 눈에 들어왔고, 모집관은 특수부대에 대해 열심히 설명하고 있었다. 그때 내 귀에는 운동을 잘하는 사람은 특혜가 있고, 쌍권총을 차고, 멋진 군 생활을 할 수 있다고 하였고, 특히 돈을 많이 받을 수 있다고 하는 소리가 들려왔다. 군대에 가야 하는 시기에 이왕이면 운동도 할 수 있고, 돈도 벌 수 있는 곳이 있다는 소리에 귀가 번쩍 띄었다.

　친구의 공군 입대 지원신청을 하고 나오면서 나도 특수부대에 지원서를 제출하였다. 그러자 지원자들을 바로 대형버스 3대에 나눠 태우고 중구 구청 보건소로 데리고 가서 바로 신체검사를 하였다. 당시 신청한 인원이 150명 정도 되었는데 신체검사에 합격자를 부르는데 3분의 1만 합격을 하였다. 1차 신체검사에서 나는 합격을 하였다. 신체조건에 키가 165센티 이상이어야 한다고 하였는데 나는 161cm밖에 안 되는데도 1차 신체검사에 합격이 되었다.

2차 검사는 2개월 동안 신원조회를 실시하였다. 부모님 양쪽으로 8촌까지 신원조회를 하였다. 2개월 동안의 신원조회에서 합격하였고, 2차까지 합격한 사람들은 다시 모여 다른 곳으로 데리고 갔다. 그곳에는 전국에서 2차까지 합격한 사람들이 다 한곳에 모였다. 여기서 신체검사와 체력측정과 면접까지 하여 최종 선발하는 3차 과정이 남

아있었다. 다시 신체검사를 한다는 말에 나는 불안한 마음이 들었다. 몸의 상태는 걱정이 없었는데 키가 165센티 이상이어야 한다는 것이 마음에 걸렸다.

신체검사와 체력측정을 마치고 면접을 하는데 3명의 면접관이 나의 신상기록과 체력측정 기록을 보고 신학교 재학 중이라는 것을 알고 왜 여기에 지원하게 되었냐고 물었다. 나는 "이왕 군 복무를 하려면 최강의 부대에서 특수 임무를 수행하면서 돈도 벌 수 있는 곳에서 하고 싶어 지원했다"라고 했다. 면접관은 웃으며 내 이름을 부를 때까지 내가 타고 온 버스에 가서 기다리라고 하였다. 나는 타고 온 버스에 가서 기다리고 있었다. 시간이 지나 모든 지원자가 면접을 마치고 합격자 발표를 하고 있었다. 그러나 나는 버스에서 마냥 기다리고 있는데 불합격한 지원자들이 '왜 자기가 불합격되었냐'고 불평하며 항의하는 소리가 들려왔다.

지방에서 올라온 버스들은 불합격자들을 태우고 돌아가고 있었다. 그때까지도 나의 이름은 부르지 않았고 내가 타고 온 버스도

출발하지 못하고 있었다. 저녁 시간이 되어서야 내 이름을 불렀다. 맨 마지막으로 합격이 된 것이다. 신학생이라는 것과 신장이 기준치에 미달인 것이 문제였는데 체력측정에서 다른 사람들보다 월등하게 좋아서 합격이 된 것 같았다. (훗날 안 사실이지만) 합격한 사람들을 모아 저녁을 먹이고 군복을 입히고 머리를 삭발하게 하고 늦은 밤 버스에 태워 어디론가 이동하였다. 버스 맨 뒷좌석 가운데 앉았다. "이제 드디어 군 복무가 시작되는 거구나"하는 생각과 함께 어디로 가는지 모르는 두려움이 엄습해 왔다.

특수부대, 특수 임무, 특별급여 막연하게 상상하며 도대체 어떤 훈련과 임무가 있는지 모르고 두려워하는 마음 가운데 말씀이 들려왔다. "내가 너와 함께 하리라"는 음성이 들려왔다. 이 음성이 주의 음성이라 믿고 담대함이 생겼다.

> 두려워하지 말라 내가 너와 함께 함이라 놀라지 말라 나는 네 하나님이 됨이라 내가 너를 굳세게 하리라 참으로 너를 도와 주리라 참으로 나의 의로운 오른손으로 너를 붙들리라
> So do not fear, for I am with you; do not be dismayed, for I am your God. I will strengthen you and help you; I will uphold you with my righteous right hand.(이사야 41장10절, NIV.)

버스는 새벽녘에 아주 깊은 산 속 넓은 연병장 한가운데 차가 멈췄다. 차 문이 열리면서 미군 야전잠바를 입고 팔각 모자를 쓴 군인이 번쩍이는 눈빛으로 차에 올라와서 낮고 굵은 목소리로 '모두 차에서 내려!'라고 명령을 했다. 차에서 모두 내리자 식당으로 우리를 데리고 가서 수제비를 먹게 했다. 식사가 끝나자 내무반으로 이동해서 취침하게 하였다. 드디어 군에 입대해서 첫날 밤을 맞이한 것이다.

내가 서 있는 이곳이 대한민국에서 극비밀리에 북파공작 요원들을 위해 양성하는 가장 강하고 무서운 H.I.D (Headquarters of Intelligence Detachment) 북파공작원 부대였다. 이곳에서의 훈련은 오직 '멋지게 싸우고 값있게 죽자.', '음지에서 싸우고 양지에서 영광을 누린다.', '배신 없이 의리를 지킨다.' 등의 신조로 정신무장을 시키고

최악의 상황에서도 살아남을 수 있는 생존기술과 특수 임무를 수행하기 위한 체력단련과 특수무술 무성무기술, 육로 및 해상과 공중침투술 훈련을 통해 그야말로 인간 무기로 변신하게 된다.

이런 상상할 수 없는 훈련과 임무를 수행하는 과정에 하나님은 나와 함께 하신다는 확신하게 하여 모든 과정을 견디어낼 수 있게 하였다. 종교를 인정하지 않고, 종교행사를 하지 못하게 하는 와중에도 성경을 읽고 기도하는 시간을 틈틈이 가졌다. 그때마다 선배들의 구타가 있었다. 나름의 핍박이 가해졌는데 그것이 오히려 나에게 하나님의 은혜를 더 깨닫는 기회가 되었다. 혹독한 훈련과 임무 수행의 군 복무 기간은 나에게 하나님의 일꾼으로 다듬어지는 시간이 되었다. 두려움과 게으름에서 벗어나 강인한 체력과 믿음에 대한 확신과

불가능을 가능하게 하는 정신력을 갖도록 무장시켜주셨다.

✱ 이름도 생소한 태권도 선교사로 부르심

무사히 군 복무를 마치고 불과 채 한 달도 되지 않은 시기에 다니는 교회에서 처음으로 선교세미나가 있는데 그 세미나 참가비가 5만 원이었는데 그 참가비를 지원해 주면서 세미나에 참석하도록 강권해서 얼떨결에 참가하게 되었다. 딱히 할 일이 있는 것도 아니고 급한 일도 없었기에 그리고 참가비를 지원해 준다니 나로서는 손해가 아니다. 참석에만 의미를 두고 아무런 기대감 없이 강압적으로 참석한 선교세미나에서 하나님은 나를 태권도 선교사로 부르셨다.

당시 태권도는 무도이면서 불교사상이 기본 정신으로 되어 있다고 생각하고 있어서 태권도가 복음을 전하는 선교의 도구로 쓰일 수 있다는 것은 생각지도 못하고 있었던 나에게 하나님은 나의 고정관념을 깨뜨려 주셨다. 도구는 도구를 사용하는 사람들이 누구냐에 따라 다르게 사용될 수 있다는 것을 깨닫게 된 것이다. 내가 고등학교 3학년이 되는 새 학기에 태권도 스승님이 나를 부르셔서 나에게 태권도와 내가 믿는 기독교를 접목해 새로운 것을 만들어보라고 말씀하셨다. 그러나 나는 사범님의 말씀을 귀담아듣지 않았다. 태권도는 불교사상이 바탕에 있다고 생각하고 있어서 어떻게 불교사상의 무도와 기독교가 함께 할 수 있을까? 전혀 마음에 와닿지 않아 무시해버렸다. 그러나 이런 나의 고정관념을 바꾸어 주셨다.

태권도는 하나의 도구요, 수단이지 목적이 아니라는 것이었다. 어떤 사람이 그 도구를 사용하느냐에 따라 도구는 사용하는 용도가 달라질 수 있다는 것이다. 태권도는 복음이 아니다. 선교의 내용도 아니다. 아궁이에 불을 지필 때 불이 잘 타도록 또는 불길을 열어주는 도구를 '부지깽이'라고 한다. 태권도는 복음의 통로요, 복음의 도구요, 복음의 매개체이다. 태권도는 복음을 담는 그릇이고 도구이다.

복음을 잘 전하기 위한 도구, 접촉점, 수가성 여인의 우물에서의 대화의 핵심은 샘물이었다. 영원한 영생수가 되시는 예수님을 알리기 위한 의도적인 우물 대화가 시작된다. 태권도는 복음을 담아 많은 사람에게 줄 수 있는 용기(容器)와 같다. 복음의 핵심은 태권도가 아니란 사실을 깨닫게 되었다. 예수님의 공생애 동안 행하신 기사와 표적이 목적이 아니듯이 말이다.

칼을 사용하는 사용자에 따라 요리사에게 주어지면 요리를 만드는 일에 사용되고, 범죄자에게 주어지면 남을 해치는 범행 도구가 된다. 사용자가 누구인지가 관건이다. 태권도도 가르치는 사범이 어떤 사람이냐에 따라 태권도의 가치도 달라질 수 있다는 것을 알게 해 주셨다. 도구가 필요하지만, 도구를 사용하는 사람이 더 중요하다는 것을 깨닫게 된 것이다. 이때부터 나는 "태권도 선교사"라는 타이틀을 가지고 신학교에 복학해서 신학 공부를 하면서 태권도 선교를 위해 기도하기 시작했다. 기도했지만 아무것도 보이는 것이 없었다.

1986년 한국에서 아시안게임이 개최되면서 태권도가 정식종목으로 채택이 되었다. 금메달을 각 체급에서 다 획득하게 되면서 국민이 환호하고 태권도의 인기가 급상승하게 되었다. 동네마다 태권도 도장이 생겨나고 태권도를 배우고자 하는 학생들이 몰려들기 시작하였고, 해외에서 태권도 사범을 요청하는 일들이 일어났다. 태권도의 붐으로 체육인신학교가 생기고 스포츠가 운동하는 것으로만이 아닌 사람들에게 더 좋은 뭔가를 제공할 수 있다는 것을 알게 되면서 생활 스포츠가 만들어지게 되었다.

태권도의 다변화와 응용에 바람이 불었다. 개인 수련과 무도 태권도에서 생활 체육 스포츠 태권도로 그 범위와 대상이 넓어지게 되어 유아 체육으로 태권도 체육관이 어린이들에게 인기가 높아졌다. 급기야 올림픽 종목에 정식종목으로 채택이 되면서 국제적인 스포츠로 발전하기 시작했다. 하나님은 나를 태권도 선교사로 부르시면서 태권도로 선교를 할 수 있는 길을 열어주셨다.

1990년 세계태권도 선교협회(W.T.M.A-World Teakwondo Missionary Association)가 만들어지면서 사무국장이라는 직책을 맡아 선교 단체 행정과 선교 사범훈련원 훈련생들을 훈련하는 일을 맡아 합숙을 하면서 태권도 선교를 위해 다양한 태권무, 종합격파. 태권도 드라마 등등을 만들어 국내 및 해외 단기선교 활동을 통해 그 가치를 알게 되었다.

태권도 도복을 입고 준비 운동만 하여도 이목이 쏠려 순식간에 많은 사람이 몰려들어 구경한다. 음악에 맞춰 태권무와 개인격파 그리고 드라마를 통해 호신술과 예수 그리스도의 십자가 고난과 죽음, 그리고 부활을 상징하는 격파를 하고 복음을 전하면 성령의 강한 역사하심을 통해 마음을 열고 예수그리스도를 믿는 구원의 역사가 일어나는 것을 눈으로 보게 하셨다. "바로 이것이구나! 태권도가 하나님의 복음을 전하는 도구로 이렇게 쓰임 받을 수 있다는 것을 현장에서 체험하는 순간에 주여! 감사합니다."를 고백했다. 나를 태권도 선교사로 부르신 하나님의 은혜를 깨닫게 되었다.

8년간의 태권도 선교를 위한 준비과정을 통해 놀라운 역사를 보게 하셨다. 중국 연변 도문에서, 필리핀 마닐라에서, 사할린에서, 러시아 모스크바와 레닌그라드와 타지키스탄 두산베와 일본 동경과 오사카에서 엄청난 복음 전도의 역사를 만들어 주셨다. 태권도 십자가 드라마 시범을 통해 마음을 열게 하시고 복음 전도에 영접하게 하시며 병든 자들에게 안수하므로 병을 낫게 하시는 하나님의 역사가 가는 곳곳마다 일어나게 되었다.

선교사들에게 태권도가 선교의 도구로 사용되는 것을 알게 하셔서 태권도 선교사들을 요청하는 곳이 많아지게 되었다. 이렇게 태권도 선교의 효과를 알게 하신 하나님이 드디어 나에게 선교지로 나가도록 캄보디아에서 태권도 사범을 요청하는 전화가 왔다.

✽ 태권도 비자가 발급되다

당시 캄보디아는 특정 국가로 분류되어 개인이 마음대로 갈 수 있는 나라가 아니었다. 캄보디아는 '대한민국과 수교를 하지 않겠다'라는 입장을 국제적으로 알렸고, 북한의 김일성과 캄보디아 국왕인 시아누크는 의형제를 맺은 상황이라 외교에 있어서 매우 불편한 관계에 있었다. 그런 나라에서 태권도 사범이 필요하다고 요청이 왔다. 하나님은 나에게 이런 나라에 태권도 사범으로 나가도록 길을 열어주셨다.

대한태권도협회와 체육부, 그리고 외교부 장관의 여행 허가서를 받고 캄보디아 수도인 프놈펜에 갈 수 있게 하였다. 캄보디아는 미수교 국가인지라 특정 국가에 대한민국 정부의 도움을 전혀 받을 수 없는 나라에 들어간다는 것은 쉽지 않은 일이었다. 하지만 이러한 어려운 상황 속에서도 하나님은 태권도 선교사의 길을 내게 허락하셨고 내가 군 복무를 특수부대에서 할 때처럼 "내가 너와 함께 하시겠다"라고 하신 말씀은 지금도 유효한 말씀이었다. 오히려 정치와 경제가 불안하고 외교도 불안한 나라에서 VIP 특별대우를 받고 태권도를 보급하며 복음을 전하는 선교사역을 할 수 있었다.

하나님은 나의 인생의 길목에서 특별히 사랑하셔서 특수부대, 특수임무, 특별수당, 특별대우를 받을 수 있도록 철저한 계획을 설계하시고 나를 준비시키시고 훈련해 캄보디아라는 생소한 나라에 정착하게 했다.

✱ 경찰학교 태권도 개관식으로 경찰태권도 클럽이 시작되다

1993년 11월 드디어 하나님 나라의 명령이 떨어졌다. 미수교 국가, 특정 국가로 분류된 캄보디아에 태권도 전문인 선교사로 침투작전이 하달되었다. 오직 "김한주"를 보내기 위한 하나님의 작전이었다. 불가능을 가능하게 하시고 문제를 풀어가시면서 일사천리로 긴밀하고 은밀하게 진행되었다.

처음 캄보디아에 들어가 개인 주택에서 특수경찰들에게 태권도를 가르치기 시작했다. 당시 태권도를 가르치는 현지인 사범이 4명 있었다. 공산화되기 전인 1968년 수교하면서부터 한국인 태권도 사범 4명이 캄보디아 수도인 프놈펜에서 민간인들을 대상으로 태권도를 가르쳤다.

1972년 아시아태권도선수권대회에 캄보디아 나라로 대회에 참가하여 은메달 1개를 땄다는 기록이 있다. 그때 태권도를 배웠던 사람 중에 몇 명이 태권도를 가르치고 있었다. 그들을 불러 모아 제1회 태권도 지도자 세미나를 개인 주택 안에서 5일 동안 하루 8시간씩 태권도 지도자 교육을 하였다.

1994년 1월 4일 경찰학교 체육관에서 국회의원들과 경찰청장 및 경찰학교 교장 등 고위급 경찰들, 체육회 사무총장 및 태권도를 배우게 될 경찰 30명이 모여 경찰태권도클럽 개관식을 거창하게 거행되었다. 5개의 국영방송사에서 나와 취재를 하고 언론사들도 나와 인터뷰도 하였다. 저녁 7시 뉴스 시간에 5분여 동안 캄보디아에 대한민국에서 온 태권도 사범이 경찰학교에서 경찰들을 대상으로 태권도를 시작하게 되면서 개관식을 하였다는 보도가 나왔다. 이것이 북한 대사관에 알려지면서 난리가 났다. 정치적으로 수교도 되지 않은 적대 국가 대한민국에서 태권도 사범이 들어와서 내부 치안을 담당하는 경찰들을 대상으로 태권도를 가르치는 체육관을 개관하는 행사를 거창하게 하며 뉴스를 통해 캄보디아 전 국민에게 알게 하였다는 것이 쟁점이 되었다.

북한에서는 김영삼 정부가 시아누크 왕을 암살하기 위해 보낸 '간첩'이라고 유언비어를 퍼트리는 일까지 있어 경찰청에서 나의 신변을 보호해 주기 위해 특별경호를 맡아 내가 움직일 때마다 오토바이와 차로 에스코트를 해주었다. 태권도 수련을 시작할 때와 마칠 때에 기도로 시작하고 기도로 마치게 하였다. 당시 크메르어를 배우지 못해서 한국말로 하고 마지막 끝에 "예수 그리스도의 이름으로 기도합니다."하면 "아멘" 하라고 하였다. 나중에 제자들이 '아멘'이 무슨 뜻이냐고 물어 와서 아주 좋은 것이다. "믿고 동의한다는 뜻이다"라고 설명해 주었다.

♣ 행운의 사나이(Lucky Man)로 불리다

청소년 스포츠클럽(youth sport club)에서 태권도를 가르치게 되었다. 회원을 모집하고 회비를 받으며 주 2회 태권도를 가르치게 되었다. 당시 차가 없어 중학교 4년 후배가 캄보디아에 들어와서 호텔을 하고 있었는데 그에게 1960년대 소련제 오토바이가 있었다. 그 오토바이를 빌려서 태권도를 가르치러 다니던 중에 태권도를 가르치고 집으로 돌아오는 길에 '모니봉' 대로에서 앞에 자전거가 짐을 싣고 가고 있었다. 그 자전거를 추월하려고 중앙선을 넘어서는 순간 맞은편에서 달려오는 승용차를 보지 못하고 정면으로 부딪치는 교통사고가 일어났다. 나는 머리에 헬멧도 쓰지 않은 상황이라 매우 위험한 상황이었다. 시속 80km가 넘는 속도로 달려오는 반대편 승용차에 부딪히면서 나는 정신을 잃었다.

그때 그 현장에 태권도를 배우는 경찰이 있었다. 그가 사고 난 나를 시클러 자전거에 실어서 가장 가까운 병원이 '깔멧' 병원으로 후송하여 응급실로 가서 엑스레이를 찍고 검사를 하였다. 그러는 도중에 정신을 차리게 되었는데 하나님의 보호하심으로 머리와 허리, 팔과 다리 등에 뼈에는 아무 이상이 없고 왼쪽 허벅지 안쪽에 3센티 정도 깊이 근육이 파여서 피가 많이 흘렀다. 당시 도복 바지를 입고 있었는데 도복 바지가 피로 범벅이 되어 도복 바지를 칼로 찢고 봉합수술을 하고 일반병실로 옮겨졌다. 병실 안과 밖에 사복경찰 각각 세 명씩 혹시 모를 북한에서의 테러를 막기 위해 신변을 보호하였다.

당시 상황은 오토바이가 승용차와 부딪치면서 나는 공중에 붕 떠서 세 바퀴를 돌고 떨어졌다고 한다. 그래서 다들 죽는 줄로 생각하였는데 아주 가벼운 부상만 있고 머리와 팔, 다리가 멀쩡한 것을 보고 나에게 '행운의 사나이'라는 뜻으로 'Lucky Man'이라고 부르기 시작했다. 이틀 만에 퇴원하여 숙소에서 회복하느라 쉬고 있을 때 경찰 제자 중에 제일 실력이 좋았던 친구 형이 의사여서 매일 숙소에 와서 항생제 주사를 놔주고 갔다. 1주일 만에 실밥을 뽑고 조금씩 움직이기 시작했다. 허벅지 안쪽의 근육이 파였던 것이라 아물기까지는 약간의 시간이 필요했다. 근육에 힘이 들어가야 하는 곳이라 움직일 때 근육통이 있어 한 달 동안 회복시간을 가졌다. 내 마음 깊은 곳에서 찬양의 울림이 일어났다.

> 내 구주 예수를 더욱 사랑 엎드려 비는 말 들으소서
> 내 진정 소원이 내 구주 예수를더욱 사랑 더욱 사랑
> 이 전엔 세상 낙 기뻤어도 지금 내 기쁨은 오직 예수
> 다만 내 비는 말 내 구주 예수를 더욱 사랑 더욱 사랑
> 이 세상 떠날 때 찬양하고 숨질 때 하는 말 이것일세
> 다만 내 비는 말 내 구주 예수를 더욱 사랑 더욱 사랑[2]

✱ 국가 유공자가 되다

2003년 3월에 군대 동기로부터 캄보디아에 전화가 왔다. 이 친구는 당시 현역이었다. 나의 캄보디아 연락처를 여기저기 수소문해서 연락한 것이다. 2002년도 한일 월드컵이 있던 해에 한국에서 실미도라는 영화가 대중에게 인기를 얻으며 상영되었다. 그동안 소문으로만 전해지던 북파공작원의 실체가 드러나는 계기가 되었다. 이 무렵 북파공작원으로 양성 받아 임무를 수행했던 HID,

---

2. 찬송가 314장, 내 구주 예수를 더욱 사랑, 김한주 선교사가 병상에서 부르던 찬송이다.

UDT, UDU 출신들이 명예회복과 함께 국가로부터 보상해 달라는 무력시위가 있었다. 청와대 앞에서 가스통을 들고 시위를 하였고, 정보사령부와 국방부 앞에서 시위하였다. 이 일로 국회에서 김영진 의원을 비롯해 국회의원 대다수가 '특수 임무 수행자 보상에 관한 법률안'을 상정하여 국회에서 통과가 되었다.

선교지에 있던 나는 이 소식을 모르고 있다가 친한 친구이던 군 동기가 이 소식을 전해 준 것이다. 지금 국가 유공자 신청을 받고 있으니 한국에 들어와서 서류를 접수하라는 것이었다. 5월에 한국에 나갈 일이 생겨서 한국에 들어가서 서울 문정동에 있는 교회를 방문하려고 아파트 단지를 걸어가는데 그곳 컨테이너에 북파공작원 사무실이 눈에 띄었다. 그래서 혹시나 하는 생각에 그곳에 가보니 군 복무 시절 후배가 있었다. 너무 반가웠다.

그 후배는 그곳에서 선임으로 일하고 있었고, 10년 후배들이 사무장과 사무실 업무를 보고 있었다. 이 후배의 소개로 사무실 후배들을 알게 되었고, 사무장을 소개해 주면서 나에게 서류를 준비하는 데 도움을 주라고 부탁을 해주었다. 사무장 후배는 내게 필요한 서류를 직접 작성해 주고, 병원에서 진단서를 준비하는데도 같이 가서 진단서 받는 일을 도와주었다.

준비한 서류를 정보사령부 접수처에 가서 제출하는데 그곳에도 복무 시절에 잘 아는 선배가 그 접수 업무를 맡아 서류를 접수하고 있었다. 국가 유공자 신청 서류를 제출하는데 곳곳에 도울 사람들을 배치하여 주셔서 서류 제출이 잘 되게 하셨고, 2년간의 심사 과정을 거쳐 2005년 국가 유공자로 인정이 되어 국가 유공자 증이 나오고 보훈처에서 신체검사를 통해 상이군경 7급으로 인정이 되어 지원금이 나오게 되었다. 또한, 보상금이 나와서 선교지에서 차량을 구매할 수 있게 되었고, 토지를 매입할 수 있는 자금으로 사용하게 되었다.

군 복무 시절 임무 수행 중에 왼쪽 무릎 전방십자인대가 끊어지는 사고가 있었다. 그것을 당시 응급조치만 하고 그대로 사용하던 것이 시간이 지나면서 상태가 심각해져서 걸어 다녀도 무릎이 쑥쑥 빠지는 상태가 되었다. 2007년에 5월 29일 중앙보훈병원에 입원해서 인공관절 수술을 받았다. 수술하고 2주 정도 지나서 휠체어를 타고 병원 밖에 산책하려고 엘리베이터 앞에 기다리고 있는데 그날 퇴원하시는 분이 나에게 '인공관절 수술을 하였냐'고 물으면서 자신도 인공관절 수술을 하고 한 달 만에 퇴원한다고 하면서 서류 한 장을 보여주면서 인공관절 수술을 하면 신체검사를 다시 받아 재신청하면 장애 급수를 더 좋게 받을 수 있다고 퇴원하기 전에 서류를 준비해서 신청하라고 가르쳐 주었다.

처음 보는 사람인데 이런 좋은 정보를 알려주고 사라졌다. 그분이 알려준 대로 서류를 작성해서 재검을 신청했다. 6개월 후에 재신검을 받으라고 통지가 왔다. 다시 신체검사를 받고 6급 1항으로 판정이 조정되었다. 보훈처 지원금도 급수에 조정된 대로 지원금이 상향되었다. 너무나 감사한 일이었다.

선교후원금이 제대로 연결이 안 되는 상태에서 하나님은 국가 유공자로 만들어 주셨고 장애 급수를 상향시켜 국가 보훈처의 지원금을 선교를 위해 쓸 수 있도록 해주신 것이다. 하나님의 뜻을 따라 순종하는 사람에게 하나님은 필요한 것을 공급해 주시는 분이심을 확신하며 선교사역을 감당하고 있다.

✤ 태권도 선교훈련원을 개원하다

 2005년 '찌러이정봐' 지역에 '왓덤라이' 사원 옆에 단독주택을 3년, 연 2회 임차해서 태권도 선교센터를 계약하였다. 6개월에 2,700달러를 지불 해야 하는 것이 나에게 매우 부담스러웠지만, 선교 태권도 사범을 양성하는 훈련원을 하기 위해서는 숙소와 태권도 수련장 등의 공간이 필요한데 이런 공간을 갖춘 곳은 가격이 너무 비싸서 엄두가 나질 않았다. 최소 비용도 월 1,500달러를 정도는 줘야 하는 실정인데 월 450달러에 계약을 할 수 있었으니 감사할 일이었다.
 모집 학생은 12명, 식사를 위해 주방을 맡은 현지인 도우미 인건비와 전기세와 오물세, 사역지 6곳의 간식과 사역비, 주유비 그리고 식사비 등등의 지출금액은 월 1,500달러가 필요하고 우리 식구들 5명 식사와 숙소 암차비와 자녀들 학비 등등 전체 3,000달러도 모자랄 정도였다. 그런데 선교비는 1,000달러 정도에 불과했다.
 계산상으로는 도저히 불가능한 일이지만 하나님은 매월 필요한 금액을 보내주셨고 6개월마다 돌아오는 센터 임차비 2,700불까지도 까마귀를 통해 엘리야 선지자를 먹이셨던 것처럼 보내주셨다.

> 여호와의 말씀이 엘리야에게 임하여 이르시되 너는 여기서 떠나 동쪽으로 가서 요단 앞 그릿 시냇가에 숨고 그 시냇물을 마시라 내가 까마귀들에게 명령하여 거기서 너를 먹이게 하리라.
> (열왕기상 17장2절~4절)

　3년 동안 한 번도 태권도 선교센터 임차비를 내지 못한 적이 없었다. 3년의 계약 기간이 6개월 정도 남았을 때 동남아시아선교회에서 후원하는 단체에서 운영책임자를 구한다는 말을 들었다. 자격 조건은 선교사로 10년 이상 된 자, 현지 언어를 구사하는 자, 센터를 운영할 수 있는 경험자. 교단이나 파송교회에 구애받지 않고 사역하는 자 등등의 자격 조건을 갖춘 선교사를 찾았다. 한인회 김문백 회장으로부터 전화가 왔다. 이런 조건의 사람을 찾는데 '김한주 선교사님이 자격 조건에 맞을 것 같다'라고 하면서 제안을 해왔다. 사역을 위해 월 1,000달씩 주겠다는 조건도 있었다. 그 시기에 석유파동이 있어 달러가 1,400원까지 올라가고 있었다.
　그래서 기도하면서 하나님의 인도하심을 구했다. 나도 조건을 말했다. 지금 현재 태권도 선교센터에서 훈련받는 훈련생 전원에게 동아시아선교회 시설에 가며 그들에게 숙식을 제공하는 것이었다. 나에게는 운영에 필요한 유지비용을 절감할 수 있는 요구조건들이었다. 성사되기만 하면 사역비와 우리 가족 생활비, 자녀 교육비, 차량 유지비만 지출하면 되었다.

　하나님의 은혜로 나의 요구조건들이 수용되면서 일이 풀리기 시작했다. 그곳은 원래 보육원을 운영하려고 하였고, 그 고아들을 관리하고 그들에게 태권도와 복음을 전하는 일을 하는 것이었다. 고아들 40여 명이 들어왔다. 이들에게 축구와 태권도 그리고 영어와 성경, 찬송을 가르치고 생활 교육도 하면서 3년 반 동안 태권도 사범훈련원과 함께 운영을 책임지고 동남아시아선교회센터를 관리하였다.

　2008년 석유값이 치솟기 직전 9월에 여섯 곳의 사역지 마을 400가구를 대상으로 "12월 성탄절에 각 가정에 쌀 10kg씩 배급을 하겠다"라고 약속을 하였다. 그런데 불과 며칠 후에 석유값이 오르기 시작하여 11월에는 1달러당 한화 1,450원이나 올랐다. 설상가상으로 한국에서 좋지 않은 소식이 전해져 왔다. 그동안 작게나마 사역을 후원했던 곳에서 '이제 선교비를 보낼 수 없겠다'라고 연락이 왔다. 쌀 4,000kg은 당시 2,000달러 정도 하였다. 어느덧 시간은 12월을 맞이했다. 그러나 달러는 조금도 낮아지지 않고 있었다. 함께하는 현지인 제자들은 성탄절에 쌀 배급하기로 하였는데 어떻게 되느냐고 물어왔다. 나는 기도하면 하나님이 해결해 주신다고 말하고 "기도하고 있으라 믿고 구하는 자에게 주신다"는 말씀으로 대답했다.

> 너희가 기도할 때에 무엇이든지 믿고 구하는 것은 다 받으리라 하라. If you believe, you will receive whatever you ask for inprayer. (마태복음 21장 22절, NIV)

　나는 이 말씀에 의지해서 새벽과 저녁에 계속해서 간절히 기도했다. 12월 16일까지도 아무런 응답이 없었다. 17일 센터에 한국인 한 사람이 나를 찾아왔다. 캄보디아에서 중장비 사업을 하는 사람이었다. 그는 데리고 있는 현지인 통역자가 반복적으로 거짓말을 하고 속여 골치가 아프다며 새로운 통역자를 구하는 데 도움을 달라고 요청하였다. 그래서 찾아보겠다고 하였다.

말끝에 그 사람이 본인은 '한국교회 안수집사'라며 교회 재정을 담당한다고 하면서 도움을 드릴 것이 있으면 말하라'고 하였다. 나는 사실대로 말을 하였다. "지금 성탄절에 원주민 마을에 쌀 배급을 위해 4,000kg 쌀이 필요한데 아무런 준비가 되지 못했다."라고 하니 자신이 도움을 드리겠다고 해서 500불이 필요하다고 하니 그 자리에서 500불을 주었다.

중장비 사업을 하는 안수집사는 그날 밤에 한국으로 들어가고 그분의 아들이 캄보디아에 남아 있었다. 나는 "할렐루야!"를 외치며 하나님께 감사기도를 드리고 사역자에게 전화하여 쌀 도매상에게 전화해서 쌀 4,000kg을 주문하라고 하였다. 사역자는 내 전화를 받고 바로 쌀 도매상에게 전화를 걸어 쌀 4,000kg을 주문했다. 쌀 10kg 포대 400개를 만들라고 주문하고 가격을 물으니 2,000불이라고 하였다. 사역자는 깜짝 놀라며 나에게 전화를 하였다. '쌀값이 2,000불이라고 합니다. 어떻게 할까요?' 나는 당황했다. 이런 어처구니없는 큰 실수를 범하고 만 것이다. 계산을 잘못하여 현지 돈으로 생각을 하고 2,000불을 500불로 착각하여 말한 것이었다. 그래서 일단 쌀 주문을 취소하고 혼자 끙끙 앓으면서 새벽을 보냈다.

아침 일찍 한국에서 국제전화가 왔다. 500불을 주고 한국으로 간 안수집사였다. 보통은 한국에 들어가면 바로 전화하는 분이 거의 없다. 그런데 중장비 사업을 하는 안수집사는 한국에 도착하자마자 나에게 전화를 하면서 통역자를 잘 알아봐 달라고 부탁하였다. 그래서 잘 알겠다고 대답을 하고 망설이다가 용기를 내서 난처한 사정을 말했다. "안수집사님 죄송한데 제가 쌀 금액을 잘못 계산해서 2,000불이 필요한데 500불이라고 잘못 말씀을 드렸네요. 1,500불이 더 필요합니다. 도움을 주실 수 있겠습니까?"라고 묻자 사장님은 '그러시군요. 제가 나머지 금액도 아들 편에 보내드리겠습니다.'라고 흔쾌히 도움을 주시겠다고 했다.

오전 10시경에 안수집사님의 아들이 1,500불을 가지고 센터에 찾아왔다. 아들에게 "정말 고맙다"라고 말하고 함께 점심을 먹으면서 사업에 관한 이야기를 많이 나눴다. 하나님의 은혜가 아니고는 설명을 할 수가 없는 일이었다. 그해 성탄절은 하나님의 은혜와 사랑으로 사역지 여섯 곳에 400세대에게 쌀 10kg씩을 배급하면서 세상에 빛으로 오신 아기 예수님의 탄생을 기뻐하며 행복한 성탄절을 보낼 수 있었다.

✿ 수도방위 군사령부에 '우정의 체육관'을 세우다

2005년 5월 캄보디아 수도인 프놈펜을 둘러싸고 있는 '껀달' 주

(州)와 '껌뽕스프'주(州), '껌뽕츠낭'주(州) 세 개의 주를 담당하는 R.M.S (Royal Military Special:수도방위사령부)에 태권도 지도를 맡게 되었다. 군 장병 40명을 대상으로 매주 화, 목요일 오전 9시부터 10시 30분까지 태권도를 지도하게 되었다. 군사령부에 태권도협회 조직도 만들고 부회장 겸 지도 관장으로 직책을 맡게 되었다. 군사령부 내(内)에 강당에서 40여 명의 군 장병들을 대상으로 한국말로 태권도를 가르치는 일이 시작되었다.

캄보디아 군부대는 사병들의 가족이 군부대 내에서 숙소를 짓고 살도록 형성된 군인 마을이 있다. 사령부도 관사 옆에 군인 마을이 있다. 그곳에는 80여 세대가 살고 있었고, 군인 자녀들도 많이 있었다. 군인들을 대상으로 태권도를 가르치면서 군인 마을 어린이들에게 복음을 전하는 기회를 얻게 되었다. 딤 부른틴 소장은 당시 군사령부 사령관이었다. 나에게 매우 호의적으로 대해 주었다. 그래서 내가 어린이들에게 간식을 나눠주고 복음을 전하는 것을 허용해 주었다.

사실 캄보디아는 불교국가고 정권을 잡은 군부는 불교에 집착할 정도로 종교에 대해 강한 편이다. 그런 군사령부 내에 군인 마을에

어린이들에게 복음을 전한다는 것은 쉽지 않은 일이었다. 그러나 하나님은 나에게 군 복음화를 위해 군인들을 대상으로 태권도를 접촉점으로 사용하여 복음을 전하는 길을 열어주셨다. 군 장병들은 태권도를 처음 배우는 것이라 처음에는 매우 어색하게 생각했지만 매주 태권도를 배우면서 자신들에게 일어나는 변화를 보고 놀라면서 태권도 배우는 것에 열심을 내기 시작하였다.

군인 자녀들 중에 운동소질이 있는 15세, 썸 포아 학생을 데리고 센터훈련원에서 합숙하며 태권도와 하나님의 말씀을 배우도록 했다. 2007년 12월에 안동동부교회에서 2천만 원을 후원해서 군인 마을에 우정체육관을 건축하게 하였다. 개관식에는 대사관에서 영사가 대사를 대신 참석하였고, 한인회장과 한인 선교 사회 회장 등이 참석해서 축사를 해주었고, 정부로부터 훈장도 두 차례 받게 되었다. 이 체육관을 통해 군인 자녀들에게도 태권도를 배울 기회를 얻게 해주었고, 매 주일예배를 드릴 수 있게 되었다. 지금도 이곳은 예배드리는 곳이요, 어린이들에게 한글과 성경 말씀을 배우는 곳으로 쓰임 받고 있다. 어린이들을 대상으로 예배를 드리던 곳이 '코로나 19' 이후로 장년들도 예배에 참석하기 시작하였다.

✣ 캄보디아에 K-비보이, 힙합 팀이 오다

2011년 10월 말에 한국과 캄보디아에서 비즈니스 선교를 하시는 김찬중 선교사로부터 급한 전화가 왔다. 한국에서 활동하는 비보이(B-boy)팀과 힙합 팀(hip-hop)이 함께 캄보디아에 방문하려고 항공권을 이미 샀단다. 이들은 '캄보디아에 거주하는 한인 사업가와 연결이 되었다가 2개월 전에 연락이 끊기었다'고 한다.

난감한 상황이 발생한 것이다. 총인원 34명이 기도하면서 준비한 항공권인데 연락이 두절 되어 이들을 캄보디아 현지에서 도와줄 선교사를 찾고 있다는 것이다. 이 팀은 항공권만 준비해서 오는 것이고 2주간의 일정을 잡았는데 숙박비와 활동비 등등의 비용은 준비가 안 되었고 현지 진행에 일체 비용은 연락이 두절 된 사업가가 그 부분을 책임지기로 하였다는 것이다. 여러 선교사님에게 문의했지만 34명의 인원, 숙식, 일정 진행 등등을 맡아 도와줄 만한 선교사가 없었다.

결국, 절박한 소식이 나에게까지 연락이 온 것이었다. 처음에는 망설여졌지만, 팀이 기도하며 하나님의 응답으로 항공권을 구매하게 되었다는 소리를 듣고 "하나님의 응답이면 받겠습니다"라고 대답을 하였다. "하나님이 보내시는데 무엇을 망설이겠는가? 주여 함께 하실 줄 믿습니다"라고 믿음으로 고백하고 준비를 하기 시작했다.

아브라함이 눈을 들어 살펴본즉 한 숫양이 뒤에 있는데 뿔이 수풀에 걸려 있는지라 아브라함이 가서 그 숫양을 가져다가 아들을 대신하여 번제로 드렸더라 아브라함이 그 땅 이름을 여호와 이레라 하였으므로 오늘날까지 사람들이 이르기를 여호와의 산에서 준비되리라 하더라
Abraham looked up and there in a thicket he saw a ram caught by its horns. He went over and took the ram and sacrificed it as a burnt offering instead of his son. So Abraham called that place The LORD Will Provide. And to this day it is said, "On the mountain of the LORD it will be provided.
(창세기 22장 12절~13절, NIV)

마침 보육원 센터에 황금성 권사님이 3층 건물을 새로 건축하여

마감 작업이 다 끝난 상태로 에어컨과 내부 실내장식을 하고 있었다. '여호와 이레' 하나님이 이때를 위하여 친히 숨겨놓은 것처럼 아니 적극적으로는 준비하신 것처럼 말이다. 예수님께서 예루살렘 성전에 들어가실 때 어린 나귀 새끼 주인에게 '주가 쓰시겠다 하라'(The Lord needs it) 말에 용처를 묻지도, 따지지도 않고 기꺼이 순종한 것처럼 말이다. 문제가 해결되는 순간이다. 그래서 그곳을 숙소로 사용하도록 허락을 받고, 선교사들 사역지에 비보이, 힙합 팀 공연을 신청하라고 공문을 올렸다. 여러 사역지에서 공연 요청이 들어왔다. 일정을 조정하고 그 팀이 들어오기를 기다렸다. 마침내 그 비보이, 힙합 팀이 캄보디아 프놈펜에 도착하였다.

숙소에 들어와 8개 방에 분산배정을 하였다. 첫 번째 사역으로 '소반나'라는 쇼핑몰에서 공연하게 되었다. 보육원 아이들과 사범 훈련생들도 태권도 시범을 준비해서 같이 합작 공연을 하였다. 그때 한국 국정원 마약퇴치반과 캄보디아 마약퇴치반이 공동으로 마약퇴치 캠페인을 벌이고 있었다. 그중에 한 분이 우리의 공연을 보고 찾아와서 자신들의 행사에 협조해 줄 수 있겠냐고 요청이 들어왔다.

그래서 우리는 선교를 위한 공연팀이라 일반 행사에는 할 수가 없다고 하자, 얼마의 비용을 지원 할 테니 도와달라고 하였다. 그래서 3일간 그들과 함께 마약퇴치 캠페인과 복음 전도를 같이하게 되었다. 그들이 지원한 지원금으로 대형버스를 2주간 사용할 수 있었고, 식사와 간식 등을 부족함이 없이 채울 수 있었다.

이뿐만 아니라 국영방송사 생방송에 출연하여 20분 공연을 하게 되었고, '왓프놈' 팔각정에서 물 축제(Bon Om Touk)[3] 3일 동안 가

---

3. 물 축제(본옴뚝)는 캄보디아인들에게 'Bon Om Touk'은 죽기 전에 꼭 한 번쯤 참가해야 하는 아주 중요하고 의미 있는 국가 축제이다. 주로 벼를 재배해 쌀을 주식으로 하는 농업은 물과 분과 분리의 관계이다. 건기가 시작되는 무렵인 11월경이면 전국 각지에서 축제가 열리는데, 메콩(Mekong)강과 톤레샵(Tonlé

장 사람들이 많이 몰리는 골드타임에 공연을 배정받았다. 저녁 6시부터 7시 30분까지 90분 동안 태권도 시범과 비보이와 힙합 팀의 드라마 공연을 하며 복음을 전하는 일을 하게 되었다.

하나님의 인도하심은 우리의 이성적인 지식으로는 다 이해할 수 없으며 하나님은 불가능한 것이 없음을 알게 되었다. 복음을 전함에 있어서 우리의 순종은 하나님의 능력을 나타내는 역사를 만든다는 사실을 확신하게 되었다. 어려운 결정을 믿음으로 순종하니 하나님은 환경을 열어 사람들을 모아놓고 복음을 전하는 치밀한 계획 속에 우리를 인도하셨다. 하나님께서 총괄 감독이심을 고백하게 된다. "하나님이 하셨습니다."

> 우리가 알거니와 하나님을 사랑하는 자 곧 그의 뜻대로 부르심을 입은 자들에게는 모든 것이 합력하여 선을 이루느니라
> And we know that in all things God works for the good of those who love him, who have been called according to his purpose. (로마서 8장 28절, NIV)

✤ 뻬앙째앙 교회가 건축되다

뻬앙짜앙 마을에 복음을 전하기 시작한 것은 2005년도에 마을 사람들이 메콩강 강가에서 배를 타고 고기를 잡으며 살다가 그 지

Sap) 강이 합류하는 수도 프놈펜에서 열리는 축제가 가장 화려하고 큰 규모를 자랑한다. 축제는 3일간 계속되며 국가 공식 공휴일로 지정되어 전 국민이 함께 참여하여 즐긴다. 한 해의 수확에 감사 제물을 바치고 다음 해의 풍년을 기원하는 의식이 축제로 발전한 것이다. 한국의 추석과 같은 절기 행사하고 이해하면 된다. '본 옴 뚝' 물 축제 기간에는 달맞이(Sampeah Preah Khae), 배 띄우기(Bandaet Pratip), 제의 음식(Ambok)행사가 진행된다. 많은 인파로 인해 압사하고까지 일어나기도 한다.

역을 개발하게 되어 강제로 이주시키면서 뻬앙짜앙에 강제 이주촌 마을이 생성되면서 이들과 함께 이곳에서 사역을 시작하게 되었다. 가난하고 못 배우고, 가진 것이 없는 사람들이 모여 사는 빈민촌 마을에 나의 발걸음을 멈추게 하셨다.

빈민촌 사람들은 발전적이고 미래희망과는 거리가 멀다. 이런 환경에서 자라난 어린이들을 보게 하셨다. 사탕 봉지 한 개 들고 오면 어디서 그렇게 많은 어린이가 있는지 수 백 명의 어린이들이 몰려왔다. 당시는 논에서 천막을 깔고 아이들을 앉혀놓고 찬송, 율동을 가르치고 선교사 이야기, 성경 말씀 등의 어린이전도협회 '3일 클럽'에서 실시하는 전도방법을 사용하며 매주 2회 빈민촌 사역을 하였다.

햇볕이 강하게 내리쬐는 오후에 사역한다. 해가 떨어지면 어두워져서 전기도 없는 시절이라 해가 떠 있을 때 자연조명이 밝아지면 사역을 하였다. 우기(雨期)가 되어 장대비가 올 때도 그 비를 맞아가며 복음을 전하기도 하고 천막집 처마 밑에서 아이들을 모아 성경을 가르치기도 하였다. 그저 서 있는 그곳에서 기도가 절로 나왔다. "하나님 이곳에 예배드릴 공간을 허락하여 주옵소서. 이곳에 비를 맞지 않고 예배드릴 수 있는 곳을 주옵소서. 이 어린이들에게 복음을 잘 들을 수 있는 공간을 만들어 주소서."라고 기도하던 시간이 4년이 흘렀다.

나는 토지매입과 교회 건축을 후원교회에다 도움을 요청한 지 2년(2007년) 만에 다른 방법으로 응답을 하셨다. 나의 특별한 군 생활을 통해 아주 특별한 시기에 국가 유공자 보상금이 나오면서 당시 5m 넓이에 15m 길이의 필지 1개가 1,500불이었다. 10필지를 15,000불로 매입할 수 있었다. "내 것을 드리지 않고 어느 누가 나를 돕겠는가"라는 생각이 들었다. 참으로 오묘하신 하나님이시다.

선교지에 있으면 문제는 꼬리에 꼬리를 물고 이어진다. 당시 보훈처 보상금으로 토지를 매입하였지만, 건축하지 못했다. 매입한 땅에서 어린이들을 모아 열심히 복음을 전하고 함께 공도 차고 태권도도 가르쳤다. 그렇게 또 2년이 흘렀다. 함께 매주 수요일과 주일 저녁에 기도회를 같이 하던 그룹에서 새벽에 우리 사역지에 가서 기도하자고 제안하였다. 그래서 새벽에 10여 명의 선교사 부부들과 함께 '뻬앙짜앙' 빈민촌 사역지에 가서 손을 잡고 "이곳에 하나님의 나라가 임하게 하소서. 이곳에 예배드리는 곳이 세워지게 하소서. 이곳에서 구원받은 백성들이 일어나게 하소서."

한참 동안 간절한 기도와 찬양을 드리는 데 함께한 선교사 한 분이 '우선 비라도 피할 수 있도록 기둥과 지붕이라도 올리자'라고 하면서 십시일반으로 정성을 모으기를 제안했다. 즉석 헌금의 시간이 된 셈이다. 제안한 선교사님이 100불 헌금하자 다른 분들도 그렇게 하자고 하여 1,300불의 건축 헌금이 만들어졌다.

이렇게 하여 기도 모임으로 즉석헌금을 통해 모아진 재정으로 바로 공사에 들어갔다. 간단하게 바닥 콘크리트만 하고 지붕만 올리자고 시작한 공사가 조금씩 커지었다. 12m 길이에 6.5m의 넓이로 임시 건물이 세워지는데 3,400불이 들어갔다. 1,300불의 헌금이 3,400불의 임시 건물을 세우게 하셨다. 2009년의 일이다. 그리고 또 2년 후 한 분의 목사님이 한국에서의 목회를 그만두시면서 전세금을 받아 선교지에 예배당 짓는 곳에 쓰려고 캄보디아를 방문하여 여러 선교사님 사역지를 돌아보았지만, 마음에 와닿지 않았다. 뻬앙짜앙에도 오셨는데 감동이 없어서 아직은 아닌가 생각하고 그냥 한국에 들어가셨다.

이듬해에 또다시 캄보디아를 방문하게 되었는데 그때도 우리 빈민촌 뻬앙짜앙 지역을 다시 방문하였다. 그리고 뻬앙짜앙에 임시 건물을 보고 건축을 마무리하라고 5,000불을 건축비로 헌금하셨다. 나는 이 목사님을 만나지도 않았고, 요청도 하지 않았는데 함께 중보 기도하던 선교사가 우리 사역지에 대해 설명해 주었는데 목사님에게 하나님의 은혜와 감동이 있었다고 했다. 그렇게 해서 **뻬앙짜앙 행복교회**가 2012년에 제대로 건축을 하여 입당예배를 드리게 되었다.

예배당을 세우는 일도 하나님께서 전혀 알지 못하는 사람들을 통해서 세워지게 하셨다. 작은 헌신이 하나님의 교회를 세워나가는 것을 보게 되었다.

> 지극히 작은 것에 충성된 자는 큰 것에도 충성되고 지극히 작은 것에 불의한 자는 큰 것에도 불의하니라.
> Whoever can be trusted with very little can also be trusted with much, and whoever is dishonest with very little will also be dishonest with much.(누가복음 16장 10절, NIV)

교회가 건축되는 과정을 경험하면서 작은 것에 대한 충성과 하나님의 일하시는 스타일에 대해 많은 것을 깨달았다. 언제나 겸손해야 하는 것은 내가 하나님의 일을 한 것이 아니라 처음부터 하나님은 총감독이시며 맡겨진 배역에 열연하는 것은 우리의 몫이다. 작은 헌신, 작은 충성, 작은 정성을 통해서 하나님은 언제나 30배, 60배, 100배의 상상할 수 없는 일들을 이루신다. 나의 작은 순종이, 헌금이, 기도를 하나님은 귀하게 보시고 사용하신다.

✱ 캄보디아 선교를 향한 열전

1993년 11월 24일 캄보디아에 첫발을 딛고 지금까지 정진하여 오직 복음의 외길 31년의 선교사역이 눈 깜짝할 사이에 지나간 것 같다. 모든 것이 하나님의 은혜 없이는 된 것이 없다고 고백한다. 교회사역으로 현재 세 곳의 예배처가 있다.

'뻬앙짜앙 행복교회'는 주일 오전 8시부터 어린이 예배를 시작하여 드리고 9시 30부터 장년부 예배가 드려지고 있다. '뚜울섬보 행복교회'는 오전 9시에 어린이 예배를 드리고, 오후 2시에 장년 예배를 드린다. 장년 예배에는 어린이들도 참석하는데 부모들이 어린이를 데리고 온다. 오전에 어린이 예배에 참석 못 하는 어린이들이 장년 예배에 함께 참석한다.

'뚜울섬보' 마을은 매우 어려운 사람들이 사는 극빈민촌이다. 많은 사람이 도움의 손길을 바라고 예배당에 나온다. 그들에게 빵과 말씀이 같이 전해지고 있다. 주일예배에 참석하는 장년들에게 매월 쌀을 배급해 주고 있다. 처음 10명이던 장년들이 해가 거듭되면서 늘어나기 시작하여 2023년에는 60명을 돌파하고 2024년 현재에는 100명으로 늘어났다. 특히 가난한 마을에 자녀 출생률은 매우 높아 올해에 신생아가 15명이 태어났다. 오후 예배에 130여 명이 참석하고 있다.

'군사령부 행복교회'는 오후 4시에 예배를 드린다. 어린이들을 중심으로 드리던 예배가 어른 중심의 예배로 바뀌고 있다. 장년들이 점차 늘어나서 30여 명의 장년이 예배에 참석한다. 처음에 교회에 나오는 것을 꺼리던 이들이 치유 사역과 구제 사역을 하면서 마음의 문을 열고 예배에 참여하기 시작했다. 이곳도 매월 주일예배에 참석하는 사람들을 대상으로 쌀을 배급하고, 매주 달걀 1인 2개씩 간식으로 나눠주고 있다.

캄보디아 내 스포츠 선교(Sports Mission)를 확장 시켜나갈 계획이다. 첫째는 태권도선교회 차원에서 선교사를 대상으로 태권도 지도자 양성을 목표로 태권도 지도를 하여 선교사들이 단증을 취득하고 자신의 선교지에서 태권도를 보급하며 복음을 전하도록 하는 재생산 사역을 하고 있다.

둘째는 한인들이 세운 학교에 태권도 보급을 통한 협력 사역이다. 은혜 선교 국제학교, 로고스 비전 국제학교, 소빛 국제학교, 시온 소망 국제학교 선교사들과 협력으로 태권도를 보급하고 있다.

셋째는 국립기술대학(N.P.I.C) 교수로 재직하며 대학생들을 대상으로 태권도를 보급하고 있다. 캄보디아 국립기술대학교에서 비자(VISA) 발급을 받게 해줘서 나의 비자 학교 측에서 지원하고 아내는 해마다 비자 발급비 50불을 내고 1년 비자를 받고 있다.

넷째는 기독교 국제학교 운영이다. 2016년 큰숲학교 법인을 만들어 캄보디아 교육부(CMOE;Cambodia Ministry Of Education. NO.1106)로부터 인가를 받았다. 2019년 법인 산하 큰숲기독교 국제학교를 개교하여 1, 2회 졸업생을 배출하였다. 졸업생들이 한국 한동대학에 합격하여 재학 중이다. 학생들은 다음 세대를 이끌 미래의 선교사로서의 꿈을 키워나가고 있다. 매일 채플과 성경 시간을 통해 하나님의 말씀을 듣고 배우는 과정을 갖고 있고, 태권도와 피아노, 기타, 드럼, 미술 등의 예체능을 통해 다양한 자신들의 재능을 찾아 다듬어 가고 있다. 학생 중에는 다문화 아이들도 있고, 선교사 자녀들도 있다. 앞으로 현지인 학생들도 받아 국제적인 학교로 세워나갈 계획이다.

✽ 땅끝 거인의 가족 이야기

우리 가족은 1993년 5월 28일 김한주 선교사와 나귀주 선교사가 시흥시에 소재한 시흥제일성결교회(현, 주님앞에제일교회) 예배당에서 노태철 목사님의 주례로 결혼예식을 올리므로 부부가 되고 가정을 시작하였다. 1994년 2월에 첫째 아들 요한이가 태어났다.

큰아들 요한이는 아내인 나귀주 선교사와 함께 6월 1일 캄보디아 프놈펜에 들어왔다. 어린 시절을 캄보디아에서 현지 아이들과 함께 지내며 성장하였다. 캄보디아의 열악한 환경 속에서 그들과 같이 맨발로 옷도 제대로 입지 못하고 성장하였다. 퍼즐 게임을 즐기고 운동신경도 좋아 태권도도 잘 배우고 달리기도 잘했다.

 2005년 캄보디아에서 개최된 미션컵 태권도 품새대회에 출전해서 금메달을 따기도 하였다. 한국에 대안학교인 생명 나무 중학교와 고등학교 및 대학교 공부를 마치고 군 복무를 만기 제대하여 2017년도 캄보디아에 들어와 태권도 사범으로 큰숲기독교 국제학교 영어와 기타 교사로 대를 이은 선교사로 헌신하고 있다.

 1996년 10월에 둘째 성민이를 주셨다. 어릴 때는 몸이 약해서 잔병치레를 많이 하였는데 성장하면서 식욕이 왕성해지고 체격도 커지면서 신체발육이 좋아졌다. 삼 형제 중에 가장 크고 활동성이 강한 편이다. 캄보디아에서 어린 시절을 보내면서 영어학교에서 공부했고, 영어에 대한 자신감을 가지고 외국인들과 대화하기를 좋아하고 자신을 드러내는 것을 즐긴다. 한국에서 두원공과대학교 뷰티아트 학과를 졸업하고 다이어트 전문회사에서 취직해서 현재 부원장으로 일하고 있다.

 셋째 성준이는 1999년 8월생으로 호기심도 많고 운동도 좋아하지만 어렸을 때는 편식을 하고 고집이 세서 혼나기도 하였다. 한국에서 고신대학교 태권도 선교학을 전공하여 졸업하고 군 복무를 공익으로 6개월 받고, 지금은 태권도 선교를 위해 전문인 태권도 선교사 과정을 마치고 태권도 도장에 사범으로 재직하며 선교사로 헌신을 위해 준비하고 있다.

사랑하는 아내 나귀주 선교사는 결혼하기 전에 활발한 성격이었다고 한다. 중학교 시절부터 교회 반주자로 봉사하고 주일학교 반사로 섬기며, 어린이전도협회 간사로도 섬겼다. 1993년 5월 결혼하고 첫째 요한이를 낳고 캄보디아에 들어와서 무더운 날씨와 열악한 환경 속에서 캄보디아 언어를 열심  히 배우고 어린이들에게 복음을 전하는 사역을 감당하였고, 몇 번의 교통사고로 인해 몸이 약해졌으나 10여 년 전에 하나님 사랑의 터치와 치유를 받고 건강이 많이 회복되었다. 지금은 사랑의 터치를 사용해서 사역지 장년들을 대상으로 치유사역과 전도사역을 하고 있다. 사역지 어린이들에게 그림공부와 한글을 가르치며 복음 전도의 열정을 불태우고 있다.

✱ 나의 달려갈 그 길

　교회사역에 대한 비전을 나눠보면 현재 교회 사역지 3곳에서 주일학교 활성화를 위한 어린이 성경학교와 성경 암송대회 성경 말하기 대회 등을 통해 어린이들에게 하나님의 말씀을 알게 한다. 청소년들에게 재능을 키우도록 언어와 예체능을 교회에서 방과 후 교실로 운영하도록 하고 연 2회 성경캠프를 통해 말씀을 배우는 시간을 갖게 한다.
　장년부는 구역을 조직하고 구역장 교육을 통해 하나님의 말씀을 삶에서 실천하며 살도록 하며, 교회 일군들을 세워나간다. 학습 과정과 세례 과정을 통해 구원의 확신을 하도록 하여 하나님의 자녀로 거듭나게 하여 교회 직분을 갖고 봉사하게 한다..
　2024년 하나님은 태권도선교에 대한 새로운 비전을 갖게 하셨다. 앞으로 30년 사역 계획을 통해 캄보디아에 스포츠 선교의 장을 만들어가도록 길을 예비해 주셨다. 태권도선교회를 조직하여 캄보디아 전 지역에 태권도 선교 사범을 파견하여 태권도 보급과 함께 복음의 씨앗이 심어지도록 하는 계획을 갖게 하셨다.
　이러한 구체적인 사역을 위해 '종합스포츠 선교센터 건축'에 매진하여 2007년 매입한 부지 55m 넓이, 길이 81m(약 1,350평, 4462m²)에 종합스포츠 선교센터와 체육전문학교 및 주상복합건물을 건축을 준비하게 하셨다. 종합스포츠 선교센터는 부지 25m 넓이, 길이 40m(1,000m², 303평)에 3층 건물 건축할 예정이다. 이곳 종합스포츠센터(Total Sport Mission Center)에서 태권도 선교 사범훈련원과 태권도 선교 시범단을 운영하고, 스포츠 아카데미를 개설하여 청년들에게 스포츠를 통한 복음 전도사로 헌신하도록 한다.

전역에서 선교사들이 운영하는 국제학교마다 태권도를 가르치도록 하면서 성경 말씀을 암송하고 주일예배에 참석하게 한다. 국제학교와의 물적, 인적 인프라 구축을 통해 태권도 보급과 복음 전도에 효과적인 협력 사역을 계획하고 있다. 또한, 태권도 대회와 캠프와 세미나 등을 개최하고자 한다. 매년 미션컵 태권도 대회를 개최하여 실력을 향상하고, 태권도 캠프를 통해 태권무와 태권 체조, 및 호신술 등을 보급하고, 태권도 지도자 세미나를 통한 태권도 선교 전문 지도자를 양육하게 될 것이다.

이 모든 사역의 있어 중요한 요소 중에는 안정적인 재정과 자급자족할 수 있는 자립 선교를 지향한다. 21세기 선교전략에 큰 변화는 선교 현지에서의 지속 가능한 자립성이다. 비즈니스 선교모델이 하나의 좋은 접근이라 할 수 있다. 이러한 시대적 상황에 긴밀한 대처는 종합스포츠센터부지 내에 주상 복합 건물 건축이다. 부지 25m 넓이, 길이 40m에 지하 2층, 지상 15층 건물이다. 지상 4층까지 상가, 5층부터 15층 주택으로 사용할 계획이다.

우리가 알거니와 하나님을 사랑하는 자 곧 그의 뜻대로 부르심을 입은자들에게는 모든 것이 합력하여 선을 이루느니라.
And we know that in all things God works for the good of those who love him, who have been called according to his purpose.(로마서8장 28절,NIV)

'땅끝 거인' 캄보디아 김한주 선교사와 카카오 친구 맺기를 통해 지속적인 기도와 후원을 할 수 있습니다. 여러분의 기도와 후원으로 아름다운 선교사역에 동역자가 될 수 있습니다.

주님 말씀하시면

주님 말씀하시면 내가 나아가리라
주님 뜻이 아니면 내가 멈춰서리라
나의 가고 서는 것 주님 뜻에 있으니
오 주님 나를 이끄소서

뜻 하신 그 곳에 나 있기 원합니다
이끄시는 대로 순종하며 살리니
연약한 내 영혼 통하여 일하소서
주님 나라와 그 뜻을 위하여
오 주님 나를 이끄소서

주님 말씀하시면 내가 나아가리라
주님 뜻이 아니면 내가 멈춰서리라
나의 가고 서는 것 주님 뜻에 있으니
오 주님 나를 이끄소서

뜻 하신 그 곳에 나 있기 원합니다
이끄시는 대로 순종하며 살리니
연약한 내 영혼 통하여 일하소서
주님 나라와 그 뜻을 위하여

오 주님 나를 이끄소서
오 주님 나를 이끄소서[1]

---

1. 2012년 7월 김영범 정규 1집 'REBULD'에 수록된 곡이다. 김한주 선교사가 꼽은 가장 좋아하는 찬양이다.

땅끝 거인 2.

두마게티에 퍼지는 복음의 레시피 (Recipe)

NEGROS ORIENTAL TOURISM MAP

땅끝 거인 2.
두마게티에 퍼지는 복음의 레시피(Recipe)

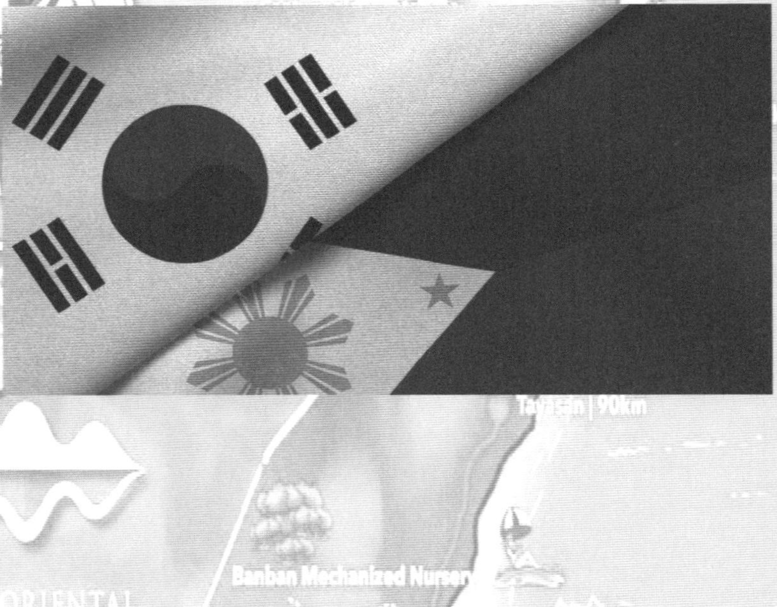

황현중 선교사

황현중 선교사는 2003년 선교사로 파송 받아 현재 필리핀 오리엔탈 네그로스 두마게티(Dumaguete)에서 교회개척, 신학교육, 유튜브 '밥먹자GO' 채널을 운영하고 있다.

🍓 프롤로그

이 세상에 살다가 죽으면 남는 것이 있다고 하는 소리를 언젠가 들은 적이 있다. 이것이 바로 인생 '자서전'이라는 것을 그때는 느끼지를 못하고 이해가 되지 않았는데 지금에 와서야 이해가 된다. 나의 이야기는 내가 하고 싶어서가 아니라 '행하는사람들 글로벌 선교회'로부터 원고 의뢰가 들어와 순종하는 마음으로 몇 자 적게 되었다. 부족하지만 독자들에게 도움이 되었으면 하는 작은 바람을 가져본다. 나의 선교지인 필리핀 네그로스 두마게티를 소개하는 것으로 나의 선교 이야기 '두마게티에 퍼지는 복음의 레시피'를 시작하고자 한다.

🍓 두마게티의 이모저모

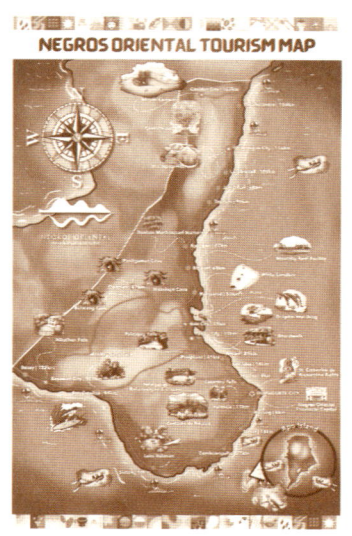

필리핀은 7천여 개의 섬으로 이루어진 나름대로 섬마다 특색이 있어 참 아름답기에 관광지로 유명하다. 특히 그중에 네그로섬은 동쪽 오리엔탈 네그로스 두마게띠(Oriental Negros Dumaguete)와 서쪽 옥시덴탈 네그로스 바콜로드(Occidental Negros Bacolod)로 나누어져 있다.

우리가 사는 도시는 오리엔탈 네그로스의 인구는 400만 명이 살고 있으며 두마게티 시(Dumaguete City)는 25만 명 정도가 살고 있다. 네그로스섬의 특산물은 설탕의 주재료로 쓰이는 사탕수수이다. 두마게티에서 재배되는 사탕수수는 필리핀 전체 생산량 70%를 차지한다.

개신교 선교 역사는 1899년 4월 21일 제임스 로저스(James Burton Rodgers) 장로교 선교사가 필리핀 마닐라에 도착함으로써 개신교 선교의 시초가 되었다. 이후 1900년에는 5명의 여성 감리교 선교사들이 들어와 선교 활동했다. 한국교회의 필리핀 선교는 1977년 김활영 선교사(1943년-2000)를 파송한 것으로부터 본격적인 선교의 동인이라 할 수 있다. 1901년 미국 장로교회는 두마게티 시에 필리핀 최초 기독교 대학인 실리만 대학교(Silliman University)를 세웠다. 가톨릭 국가에서 기독교 대학을 설립한다는 것은 그 의미가 크다.

원래 실리만 대학은 산업학교를 목적으로 버지니아 햄프턴을 모델로 설립하려고 했으나 오늘날의 실리만 대학은 기독교 종합대학으로 다양한 프로그램을 활성화한 결과로 성장하여 필리핀 명문대의 명성을 받고 있다.

설립의 일화가 있다. 호러스 실리만 (Horace Brinsmade Silliman (1825년 12월 3일~1910년 5월 4일)은 미국의 사업가였다. 실리만은 두마게티에 'Silliman Institute' 설립하기 위해 1899년 미화 10,000불을 기부한 것으로부터 설립의 준비를 한 것이다. 2024년 개교 123년을 맞이하는 실리만 대학교는 현재는 10,000명이 넘는 재학생들이 학업에 여념 없이 미래를 준비하는 기독교 명문 캠퍼스로 필리핀을 대표하고 있다.

또한, 두마게티는 교육도시로 대학교가 많다. 필리핀에서 영어를 가장 많이 사용하는 도시가 있다면 필리핀 북부 바기오(Baguio)시와 중부 두마게티이다. 아직은 직항 항공노선이 없고 관광지로 잘 알려지지 않아 깨끗한 도시로서 '은퇴자들의 낙원'이라는 소문이나 많은 사람이 찾고 있다.

하나님의 부르심

나는 처음부터 예수를 믿는 기독교 가정이 아니었다. 원래 태어날 때부터 불교와 유교 집안에서 태어났다. 어릴 때부터 집안에서 굿하는 것을 보면서 자랐다. 그것도 아주 자주 많이 보며 성장했다. 예수님을 영접하게 된 동기는 고등학교 2학년 때 독사에 물려 한 달 넘게 힘들어하고 죽음을 앞두고 사투를 벌이고 있을 때쯤에 아래 동네 교회 목사님의 전도로 예수를 믿게 되었다. 예수를 믿고 6개월 만에 설립된 지 40년이 된 교회인데 갑자기 학생들이 모여 초대 학생회장이 되었고 매주 토요일 오후에 학생 예배를 드리게 되었다. 예배를 마치고 모여 간식을 먹다가 목사님께서 돌아가면서 꿈에 관해 이야기를 해보라고 하셨다.

나의 첫 번째 꿈은 초등학교 선생님이 되는 것이었다. 이것은 나의 꿈이 아니라 나의 아버지의 꿈이었다. 나의 두 번째 꿈은 운전기사가 되는 것이었다. 당시만 해도 그렇게 차가 많이 없었다. 시골에 하루에 한 번 아님 두 번 정도 버스가 운행했다. 나는 항상 운전석 옆에 앉든지, 서 있을 때 운전 기사님이 운전하는 것과 기어

변속 그리고 브레이크 밟는 것을 유심히 보곤 했다. 그래서인지 몰라도 지금까지도 운전하는 것을 좋아한다.

🍎 갑자기 목사님 될래요!

어느새 친구들의 순서가 지나고 이제 내 차례가 되었다. 목사님이 나의 꿈이 무엇이냐고 묻는 순간 선생님 또는 운전기사 되는 것이라고 이야기를 해야 하는데 순간 생각과 말은 달리 나와 버렸다. "저 목사님 될래요!" 나도 모르게 나의 입에서 터져 나왔다. 지금 돌아보면 이 모든 것이 하나님의 은혜라고 생각이 든다. 왜냐하면, 나를 치료해 주신 하나님께 무언가 보답하고 싶은 마음에서 하나님께서 나의 입술을 열게 하셨다.

> 너희가 나를 택한 것이 아니요 내가 너희를 택하여 세웠나니 이는 너희로 가서 열매를 맺게 하고 또 너희 열매가 항상 있게 하여 내 이름으로 아버지께 무엇을 구하든지 다 받게 하려 함이라
> You did not choose me, but I chose you and appointed you to go and bear fruit--fruit that will last. Then the Father will give you whatever you ask in my name. (요한복음15:16.NIV).

그때부터 친구들이나 학생들이 '황 목사'라고 놀리기 시작했다. 말이 씨가 되어 지금은 목사가 되고 선교사가 되었다. 예수 믿고 1년 반 만에 신학교를 가게 되었는데 당시만 해도 신학교를 뒤늦게 하나님께 부름을 받아 온 사람들이 많았다. 당시에 믿음도 없었지만 아는 상식도 너무나 없었다. 예를 들어 성결교신학교를 성결-교신-학교로 알고 있었다. 기독교는 하나인 줄 알았는데 다양

한 교단이 존재했다. 장로교, 감리교, 성결교, 침례교, 순복음, 구세군, 성공회, 독립교회 등등. 일단 학교생활에 적응하지 못하였다. 지식으로나 믿음으로나 부족한 것이 한둘이 아니었다. 깊이 박힌 못처럼 마음의 상처가 컸다. 나는 깊은 트라우마에 빠져 억지로 1년 공부를 마치고 휴학해서 군대에 입대하게 되었다. 군대 3년을 마치고 많은 고민을 했다. 다니던 신학교에 복학할까, 다른 학교에 재입학을 할까, 아니면 직장을 다닐까 하는 고민이 끊이질 않고 나를 괴롭혔다. 고민 끝에 일단 직장을 선택했다.

처음에 아는 사촌 형이 다니는 치과 기공소에서 치아 본을 뜨는 일을 열심히 했다. 입사한 지 얼마 지나지 않아 무허가 영업 즉 야매(불법) 영업을 했다며 경찰들이 들여 닥쳐 다니던 공장이 하루아침에 결국 문을 닫게 되었다. 두 번째 취직한 곳은 가방 공장이었다. 가방 공장에 들어가서도 열심히 일했다. 그런데 내가 들어간 지 얼마 되지 않아 부도가 나는 바람에 사장과 가족이 야반도주해 버렸다. 그때 나는 나름대로 생각했다. 하나님께서 신학교에 가라는 신호라 생각하고 다시 신학교에 복학해서 다니게 되었다.

사람의 마음에는 많은 계획이 있어도 오직 여호와의 뜻만이 완전히 서리라.
Many are the plans in a man's heart, but it is the LORD's purpose that prevails.(잠언 19장 21절. NIV).

🍎 논두렁, 밭두렁 개척교회

신학교 4학년 때 아내를 만나 결혼하고 수원에 소재한 교단교회에서 부교역자로 4년간 사역을 하고 천안에서 교회를 개척하여 단독목회 7년을 했다. 전심을 다 해 죽기 살기로 기도, 전도와 구제를 열심히 했다. 그런데 부흥이 잘 되지가 않았다. 기도하는 가운데 하나님께서 나에게 깨닫게 한 것이 있었다. "심지 않고 거두려고 하는 심보는 도둑놈 심보다"라는 것이다. 내 주위의 친구나 다른 목사님들을 비교해 보았고 또 물어보았다. 혹시 목사님, 아버님이 목사님입니까?, 할아버지가 목사님입니까? 어떤 목사님은 할아버지, 아버지가 목사님이요 장로님이셨다. 성경대로 3, 4세대가 예수 믿는 집안이었다. 하나님이 그들에게는 축복을 주지 않을 수 없는 것이었다.

> 나는 너를 애굽 땅, 종 되었던 집에서 인도하여 낸 네 하나님 여호와라 나 외에는 다른 신들을 네게 두지 말지니라 너는 자기를 위하여 새긴 우상을 만들지 말고 위로 하늘에 있는 것이나 아래로 땅에 있는 것이나 땅밑 물 속에 있는 것의 어떤 형상도 만들지 말며 그것들에게 절하지 말며 그것들을 섬기지 말라 나 네 하나님 여호와는 질투하는 하나님인즉 나를 미워하는 자의 죄를 갚되 아버지로부터 아들에게로 삼사 대까지 이르게 하거니와 나를 사랑하고 내 계명을 지키는 자에게는 천 대까지 은혜를 베푸느니라.
> (신명기 5장6절~10절)

그에 반해 나는 불교와 유교 집안에서 우상만 섬기다가 주의 종이 되어 나를 위해 기도해 주시는 분들도 없고 나를 위해 심는 자들도 없었다. 말씀이 생각났다. "자기의 육체를 위하여 심는 자는 육체로부터 썩어질 것을 거두고 성령을 위하여 심는 자는 성령으로부터 영생을 거두리라"(갈6:8)는 말씀이었다.

나는 그때부터 눈물방울로 심기로 했다. "지금부터라도 심자! 늦지 않았다!" 내가 받지 못하더라도 자손들이 잘되기 위해서 20일 금식, 40일 금식, 7일 금식, 매월 십의 일조 금식 3일, 밤샘 기도,

일천번제, 새벽 기도회 일천번제를 심었다. 어떨 때는 작정 기도한다고 명절날 고향도 가지 못할 때가 많이 있었다. 뒤돌아보면 단독목회 7년의 세월이 하나님께서 나를 광야훈련 기간으로 사용하신 것이다.

개척 목회 7년 하면서 선교사로 나오기 전에 주일 저녁 예배 시간마다 사도행전 1장부터 28장까지 강해설교를 하게 되었다. 성도들보다도 나 자신이 은혜를 많이 받았다. 왜냐하면, 설교할 때마다 눈물로 강해설교를 했기 때문이다. 하나님의 은혜와 예수 그

리스도의 십자가 사랑이 너무나 강력했기 때문이다. 그래서 "나는 왜 사도바울이 못됐나! 하나님! 나에게도 사도바울의 마음을 주시옵소서!" 결국, 하나님께서 바울의 마음을 주셔서 '죽으면 죽으리라'는 마음으로 선교지로 나오게 되었다.

🍎 사도행전 강해 설교가 선교행전으로

우리 부부는 애초에 선교사가 된다는 것은 꿈에도 없었고 생각조차 하지 않았다. 오직 한국에서 개척한 교회에서 목회에 전념하고 있었다. 선교사로 나오기 1년 전쯤에 주일 저녁 예배마다 사도행전 강해설교를 해오던 차에 하나님께서 사도바울의 마음을 강력하게 주셔서 선교의 눈을 뜨게 되었고 기도하는 가운데 하나님의 강력한 부르심에 순종하여 믿음으로 즉시로 짐을 싸고 즉각 순종하는 마음으로 곧바로 개척교회를 정리했다. 당시에는 선교 훈련, 선교탐방, 단기 선교 훈련이 있는 것조차 모르고 순수한 마음으로 필리핀으로 떠나게 되었다.

지인의 소개로 2003년 마닐라에 도착하자마자 한인교회 개척 사역이 시작되었다. 관광 가이드와 어학연수 유학생들과 함께 매주일 10명에서 15명 출석 인원으로 1년간 사역을 이어갔다. 당시만 해도 필리핀 관광비자로 체류할 수 있는 기간이 1년밖에는 되지 않았는데 우리는 급하게 선교사로 나오는 바람에 선교사 비자(VISA) 서류를 갖추지 못하고 나온 상태였기에 1년 만에 다시 한국으로 나와야 했었다. 떠나기 전 두 가지의 기도 제목이 있었다. 선교사 비자 문제와 마닐라에서 개척한 교회 이전문제를 놓고 성도들에게 기도를 부탁하고 한국에 나오게 되었다.

🍎 요상한 아줌마의 이상한 세 가지 질문

한국에서 한 달 동안의 방문이 끝나고 부산에서 마닐라로 오는 비행기가 엔진 결함으로 출국이 이틀 동안 지체하게 되었다. 일정이 급한 사람들은 다른 경로로 다 흩어지고 필리핀에 거주하는 20~30명 정도의 사람들만 남게 되었다. 이틀 동안 매 끼니마다 만나다 보니 모르는 사람이 없을 정도로 친숙해져 알고 지내는 사이가 되었다.

출국을 기다리고 있는 그때 50대로 보이는 여성분이 나에게 관심을 가지고 묻지도 않은 질문을 했다. '혹시 뭐 하시는 사람입니까?'라고 묻길래 "나는 사실 그대로 선교사"라고 했더니 그분이 나를 볼 때 보따리 장사인 줄 알았다고 했다. 왜냐하면, 아이들은 어리고 남자라고는 나밖에 없으니 네 식구 짐을 들었다, 놨다 하는 것을 지켜 보고 있었단다. 그때 가방은 지금처럼 보기 좋은 여행용 가방이 아니었다. 짐을 많이 넣을 수 있는 이중 자크로 되어 있는 일명 '이민 가방'이었다. 성인 몇 사람도 충분히 통째로 들어갈 수 있는 가방이었다.

그 여성분은 내가 선교사라는 말을 듣고 깜짝 놀랐다고 한다. 그때부터 나를 더 집중해서 관찰하기 시작했다. 왜냐하면, 그 여성분은 자신의 선교사역을 맡길만한 목사님을 찾기 위해 한국과 미국을 오가며 백방으로 찾아보았지만, 본인의 마음에 맞는 사람을 찾지 못하고 실망하고 빈손으로 돌아가는 길에 혹시 내가 찾는 사람이 '이 목사님'이 아닌가 하고 유심히 지켜보고 있었단다.

이틀 만에 비행기 수리가 끝나 드디어 비행기가 마닐라로 출발하게 되었다. 그런데 도착 1시간을 남겨놓고 그 여성분이 제 자리로 오더니 질문을 하기 시작했다. 첫 번째 질문은 이랬다. '그럼 선교비는 매월 얼마나 들어옵니까?' 이 물음에 나는 조금 황당했다. "처음 만난 사람이 별의별 질문을 다 한다."라는 생각에 불쾌했다. 나는 당시에 파송교회나 후원교회가 없이 출국하여 형제들이 매월 일백만 원 정도 약속하고 나온 상태라서 사실 그대로 이야기를 했다. 이 질문을 하는 아줌마와 질문 자체가 마음에 들지 않았다. 대답을 듣고는 자기 자리로 돌아갔다.

10분 정도 지나서였을까 다시 나에게 와서 두 번째 질문을 했다. 자녀들은 어디에 학교를 보내느냐고 물었다. 나는 기분이 상당히 좋지 않았지만 답변을 꼬박꼬박하고 있었다. 당시 우리 아이들은 필리핀 정착 단계였기에 아무것도 모르는 상태에서 지인의 소개로 중국학교를 보냈다. 그래서 중국학교에 다닌다고 했다. '중국인학교면 사립학교 아닙니까?' 선교사가 자녀들을 사립학교 보낸다고 야단 아닌 야단을 맞았다. 난 뭐가 뭔지를 모르기 때문에 참았다. '그럼 지금이라도 국립학교 보낼 수 있겠느냐'는 것이다. 모르는 것이 은혜였다.

당시에 나는 사립과 국립의 차이를 몰랐다. 국립은 학교에서 모든 것을 다 해 주니까 나로서는 국립이 더 좋은 줄 알았다. 그래서 "네. 보낼 수 있다"라고 했다. 아무 말도 없이 자기 자리로 돌아가서는 또 몇 분 후에 나의 자리로 와서 마지막 질문 아닌 테스트를 받았다. '나를 따라갈 수 있겠느냐?'는 것이다. 황당한 질문을 연거푸 받다 보니 점점 경계심은 흐려지고 말려들어 간다는 느낌이 들어 아내를 핑계 삼아 답을 유보하였다. 나는 세 가지 질문도 마음에 들지 않았지만 뭔가를 숨기고 개인 신상을 파악하려는 불순한 의도가 더 마음에 들지 않아 냉담한 심경이었다.

그때를 운명적 사건의 이야기로 정리하다 보니 갑자기 성경에 나오는 기사가 생각난다. 이스라엘 초대 왕으로 사울을 세운 것을 후회하시고 하나님은 사무엘에게 이새(Jesse)의 아들 중에서 한 사람을 찾으라고 명령하신다. 사무엘의 마음에 든 아들이 있었지만, 하나님께서는 자꾸만 아니라고 하셨다. 사무엘은 이새에게 '다른 아들은 없느냐?'고 할 때 막내 한 명 있기는 있는데 그놈은 왕 될 인물이 아니라고 제쳐놓았다. 막내 아들은 이새가 생각할 때 자격이나 기준에서 들지 못한 것이다. 하지만 하나님은 우리 생각과 달라 사람들은 외모를 보지만 하나님은 외모를 보지 않으시고 중심을 보신다고 하신다.

다윗을 왕으로 세우시고 증언하여 이르시되 내가 이새의 아들 다윗을 만나니 내 마음에 맞는 사람이라 내 뜻을 다 이루리라 하시더니 he made David their king. He testified concerning him: `I have found David son of Jesse a man after my own heart; he will do everything I want him to do.(사도행전13장22절, NIV)

하나님께 다윗이 선택받은 것처럼 이 여성분은 인간적 자격조건의 기준을 정해놓고 돈 많고 고학력에 훌륭한 인품을 소유한 사역자를 찾아 나섰지만 갔다가 허탕을 치고 비행기에서 보따리를 싸고 있는 장사꾼처럼 보이는 키 작고 볼품없는 목사를 만나게 된 것이다. 나중에 안 사실이지만 두마게티 현지인 교회 성도들에게 '이번에 한국과 미국에 가서 훌륭한 목사님을 모셔 온다.'라고 큰소리치고 약속까지 하며 성도들에게 기도 부탁까지 하고 나온 상태라 심적인 부담이 컸다고 훗날 나에게 본심을 털어놓았다.

🍎 아내의 쿨한 승낙, 잘 다녀오세요

　나도 모르게 갑자기 반대로 질문을 던졌다. "어딘데요?" '두마게티'(Dumaguete)인데 국내선 비행기를 한 번 더 타고 가야 한다.'라고 했다. "이것은 나 혼자서 결정을 내릴 수 없고 아내와 상의를 해 봐야 한다."라고 했다. 당연히 아내는 '왜 가요? 가지 마세요' 할 줄 알았는데 자동적으로 그냥 '다녀오세요'라고 하는 것이었다.
　믿기가 힘들겠지만 우리는 당시에 전적으로 하나님을 신뢰하고 믿었기에 '하나님의 인도'라고 믿었다. 나는 그때까지만 해도 필리핀에 1년 동안 살고 있으면서도 두마게티가 어느 지역에 있는지 '두마게티'라는 말 자체를 들어보지도 못했다. 그래서 우리 믿는 사람들은 '우연'이라는 말이 통하지 않는다. 우연 속에 필연적으로 하나님의 뜻과 섭리가 숨겨져 있을 뿐이다. 지금에 와서 생각하면 세 가지 질문은 면접시험 문제였고 나는 당당하게 통과되어 합격 된 것이다.
　당시에 교회 이전문제와 앞으로 선교를 위해 기도하고 있었기 때문이다. 마닐라 공항에 도착하여 아내와 두 아이는 택시에 태워 보내놓고 나는 오후에 두마게티로 가는 비행기 표를 끊고 마닐라 공항 국내선 대기실에서 기다렸다. 비행기는 오후 늦게나 돼서 이륙했다. 1시간을 날아 오후 늦게 머릿속에서 그려지지도 않는 두마게티에 도착했다. 나는 그분의 집으로 안내받았다. 그분의 집은 바닷가 리조트 개인별장 이층집 구조로 환상적인 집이었다. 미국 영화에서 보았던 저택 파티장을 연상케 했다. 다음날 선교지를 방문하자면서 선교지를 소개해 주었다. 주일날 교회를 방문했는데 새로 지은 교회처럼 보였다. 건축한 지 1년 되었는데 교회 역시 환상적인 교회였다. 교회를 방문하여 인사와 설교까지 했으며 통역은 그분이 하셨다.

  설교를 마치고 광고시간에 그분은 자신 있게 '한국과 미국에서 청빙 할 목사님을 찾지 못하고 왔는데 하나님께서 황 목사님을 만나기 위해 비행기까지 이틀 동안 멈추게 하시고 이 자리까지 모시게 된 것은 여러분들이 기도하시고 그 기도의 응답으로 모셔 오셨다'라고 인사를 시켰다. 교회는 1년 전에 내가 마닐라 한인교회를 개척하여 목회하고 있을 때 이미 나를 위해 지어 완공해 놓은 상태라는 생각이 들었다. 그래서인지 그때 내가 교회를 바라볼 때 환상적인 교회였고 이곳에 안 올 수 없도록 하나님께서 만들어 놓으셨다.

사람이 마음으로 자기의 길을 계획할지라도 그 걸음을 인도하는 자는 여호와시니라.
In his heart a man plans his course, but the LORD determines his steps.(잠언 16장 9절. NIV)

🍎 공짜는 없다

한 주간 선교지를 돌아보고 마닐라로 돌아가서 1달 동안 모든 사역을 정리하고 이전을 준비하여 2004년 4월에 두마게티에 도착하게 되었다. 사람들은 '공짜는 없다'라는 말을 하곤 한다. 나 역시도 이 말에 동의한다. 내가 거처야 할 시험과 환난이 기다리고 있다는 사실을 알았어야 했다. 두마게티에 도착해서 처음에는 박 선교사님과 사이가 참 좋았다. 나는 목회자로서의 지켜야 할 것과 그분은 평신도 선교사로 지켜야 할 도리와 의무가 있다. 하지만 얼마 지나지 않아 균열이 생기기 시작했다.

그분이 나에게 하는 말씀이 그 어느 사람과도 만나지 말고 심지어 다른 선교사님들과 교제하지 말라는 것이었다. "왜 못 만납니까?" 그분의 이유는 '다른 선교사님들은 모두가 다 거짓말쟁이들이고 가짜'라는 이유에서였다. 그러므로 황 목사님도 만나게 되면 그들처럼 물들 수 있기 때문이라는 것이다. 그래서 나는 많이 궁금했다. "다른 선교사님들이 가짜인지, 지금 내 앞에서 말하고 있는 박 선교사님이 가짜인지"를 확인하고 싶었다. 한 번은 박 선교사님이 한국을 방문할 때였었는데 그 시기를 틈타 나는 다른 선교사님을 만나 교제를 나누었다. 내가 볼 때 아무리 둘러봐도 흠잡을 때 없는 진짜 선교사님 같아 보였다.

지금 나와 함께하고 있는 평신도 박 선교사님은 어릴 때부터 부모 없이 보육원과 교회에서 성장하면서 목사님들로부터 사랑보다는 상처를 받고 자랐던 분이셨기에 목사님들뿐만 아니라 타인과도 교제하기를 싫어했다. 어떤 때에는 본인의 집에 불러놓고 늦은 밤 자정 넘게 지난날 당신이 상처받았던 이야기들을 울면서 하소연할 때가 한두 번이 아니었다.

박 선교사님과 크게 한번 다투게 된 사건이 있었다. 그분은 가진 돈도 없으시면서 땅 욕심은 많아 땅을 꼭 사야 한다면서 나에게 한국교회에나 아는 지인들에게 부탁해서 돈 좀 끌어오라고 강요를 받았다. "나는 아는 교회도, 목사님들도 아는 지인들도 없다"고 하자 '거짓말하지 말라면서 다른 선교사님들은 교회 건축한다고 돈도 잘 끌어오는데 황 목사님은 왜 못하느냐?'는 말에 말문이 막혀 더 상대할 분이 아니라는 마음에 피해 버렸다. 피해 버린 데에는 이유가 있다. 그분은 직성이 풀릴 때까지 따지고 또 따져 물었기 때문이다.

한 번은 이런 일도 있었다. 박 선교사님이 한국을 다녀와서 아내에게 '어른이 왔는데 음식 대접하지 않는다'라고 아내를 콧물, 눈물 빼놓으며 혼낸 적도 있다. 6개월 동안 함께 생활하면서 그분과 맞지 않는 점들이 너무나 많았다. "나는 하루에도 몇 번씩이나 다른 선교지로 떠야겠다"라는 생각을 했었다. 그렇다고 인간적인 갈등으로 사역지를 옮길 수도 없는 상황이었다. 이러지도 저러지도 못하고 수일을 기도하며 인내해야 했다.

🍎 우리는 자연인이다

정착 초기 일화를 소개하면 한국에서 7년간 단독 개척교회 목회의 훈련은 훈련도 아니었다. 막상 두마게티에 도착하고 난 후에는 더 혹독한 훈련이 기다리고 있었다. 그중에 가장 힘들고 어려웠던 것은 재정 훈련이었다. 나를 이곳으로 끌어들인 박 선교사님은 '선교사는 은혜로 살아야 한다.'라며 '모든 재정을 오픈하고 최소한의 생활 유지만을 해야 한다.'라고 했다.

어떨 때는 먹을 것이 없어 기도하면 새벽 아침 마당에 바다 크랩

(see crab)이 우리 사택으로 기어 들어오고 있는 것이 아닌가. 얼씨구나 하나님의 돌보시는 손길에 굶기시기는 않겠다 싶어서 연신 주어서 요리를 하여 먹었던 기억이 새록새록 떠오른다. 원주민들이 불쌍하다고 가져다주는 바나나, 부꼬(buko, 야자), 파파야, 카사바, 죽순 등등 현지인들의 따뜻한 사랑으로 연명했었다. 이것이 훈련이었고 고난의 시간을 견뎌야 했었다. 지금에 와서 생각하면 끔찍한 일인데 이것을 선교사 현지 훈련이라고 버텨낸 것이 대견할 따름이다. 출애굽 광야의 만나와 메추라기 사건이 실제상황으로 재현되고 있었다. 현실은 비참해도 하나님의 손길과 은혜가 있어 인내할 수 있었다.

아내는 돈이 없기에 마트나 시장에서 음식 재료를 살 수 없었다. 그래서 자연시장? 에서 얻는 음식 재료를 가지고 생존 음식을 만들어 먹어야 했기에 완전 자연인의 밥상이 차려졌다. 자연 곳간에서 얻을 수 있는 음식 재료가 전부였다. 모든 음식 재료는 자연이 주는 선물, 즉 인공적인 것이 전혀 없는 천연 유기농 재료만으로 음식을 해 먹었다. 굶는 날이 많아 자동 금식주간, 날마다 고난주간이었다. 은혜 없이는 먹지 못할 맛이지만 생존을 위해 하루 두 끼 아니면 한 끼를 겨우 해결하는 경우가 많았다.

죽을 만큼 힘든 나날이 계속되는 그때 가끔 큰 저택에 사는 미국 시민권자인 박 선교사님이 식사를 초대하여 실컷 밥을 먹고 돌아오는 일이 고작이었다. 밥을 같이 하는 것도 가시방석이었다. 박 선교사님 집에는 미국에서 물 건너온 물건들이 방안 가득, 듣도 보도 못한 물품이 많았다. 하지만 집으로 돌아온 우리의 현실은 초라하기 그지없었다. 몇 번이고 도망치고 싶었고 한국에 가면 지금보다는 낫겠다는 하는 생각이 온종일 나를 괴롭혔다.

가옥의 상태는 심각했다. 현지인들이 주로 원시적 가옥 형태인 니파(Nipa)에서 생활을 해야 했다. 영어로는 '니파 헛'(Nipa-hut)라고 하고 현지어로는 '바하이 쿠보'(Bahay Kubo)라고 한다. 바하이 쿠보는 합성어인데 현지어 '바하이'는 집이라는 뜻이고 '쿠보'는 스페인어로 '정사각형'이라는 의미가 있다. 일반적으로 '네모난 원두막 집'이라고 생각하면 된다.

니파의 건축 재료는 자연에서 얻을 수 있는 대나무, 파파야, 야자나무, 바나나 잎 등등 자연 재료들로 만들어진다. 가공된 건축자재 철근이나 못, 창문 등등은 쓰이지 않는다. 없어서 못 쓰는 것이 아니라 비싸서 못 쓴다. 주로 모든 것은 전통적인 방식으로 제작하고 전통적인 하자(瑕疵)와 불편함을 안고 살아야 하는 단점이 있다.

🍊 니파에서 별 헤는 밤, 기도하는 밤

우리가 두마게티에 오자마자 정착한 사택은 바닷가에 가까이 붙어 있다. 불과 30m 근거리에 니파 가옥은 일단 유리창과 화장실의 구분이 없는 통으로 된 장소이기에 커튼이 방의 경계가 된다. 이러한 쿠보 형태의 가옥에서 4명의 가족이 불편함을 감내하면서 살아야 했다. 온갖 종류의 벌레들, 모기, 쥐, 뱀, 도꼬 도마뱀은 일반 도마뱀의 10배 크기이며 닭과 오리를 통째로 잡아먹는 무서운 도마뱀의 일종이다. 태풍과 비바람을 온몸으로 견뎌내야만 했다.

필리핀 전통가옥 니파는 우리가 들어와 지붕 교체도 세 번이나 했었는데 이제는 하고 싶어도 기둥으로 된 대나무가 썩어서 교체할 수밖에 없는 상황이 되었다. 지붕 갈이는 한국의 초가집에 지붕을 교체하는 것과 같은 개념이다. 해마다 지붕 갈이를 해야 했고 시기를 놓치면 달과 별빛이 보이고 빗물이 새어 들어와 뚝뚝 떨어지는 '촛불 켜는 밤'이 된다. 전기도 들오지 않는 습하고 꿉꿉한 집에서 자연과 더불어 살아야 했다. 약간은 낭만적인 환경이 자연스럽게 자연적으로 만들어진다. 비가 오면 낭만은 고사하고 고생바가지 생활이 시작되었다. '초가삼간' 찬송가 가사에나 나올법한 실제 상황이 황당할 뿐이었다. 청개구리는 비가 오면 울었지만 우리는 울 수도 없는 노릇이 아닌가 기도만 했다. 잠 못 이루는 밤이면 그냥 기도했다. 계속 기도했다. 잠이 들 때까지 기도했다.

니파는 3년에서 4년 주기로 지붕 갈이를 해야 하는데 그때마다 사택을 지으려고 기도하고 있었다. 하지만 시간이 지나도록 아무런 일도 일어나지 않고 집은 낡을 때로 낡아 폐가가 되어가고 있었다. 12년을 이곳에서 하나님의 은혜로 기도하며 살았다. 하나님의 때가 되지 않았는지 아니면 우리가 훈련이 끝나지 않았는지 모르지만, 사택 건축을 위해 10년을 넘게 기도했다.

🍎 헌 집 줄게 새집 다오

우리 가족은 필리핀 전통가옥 니파에서 12년 정도 생활을 했다. 그런데 하나님의 때가 되어서인지 몰라도 한국에 있는 목사님이 우리 집 사택을 보시고 감동을 하셨는지 사택 건축 헌금을 보내왔다. 그분은 사택 건축을 위해 헌금을 할 만한 형편이 안 되는 분이다. 본인도 교회를 사임하면서 전세에서 월세로 내려앉는 상황이었다. 교회에서 주는 퇴직금을 전부 사택 건축을 위한 헌금으로 보낸 것이다. 이런 사실은 나중에 알게 되었다.

우리는 보내온 헌금이 '씨앗'이라 생각하고 계속해서 기도해 왔는데 1년이 넘어도 더는 채워지지 않았다. 나로서는 너무나 부담이 되기도 하고 "가지고 있다가는 급한 일에 쓰겠다"라는 마음이 들어 "씨앗이면 심자 심어야 싹이 나고 열매가 맺을 것이다"라는 믿음을 가지고 공사를 시작 했다.

처음에 돈이 없어 1층은 콘크리트 구조로 주방, 식당, 화장실로 설계했고 2층은 돈이 부족하니 임시로 나무로 거실과 방 2개를 생각했다. 공사가 시작되고 5개월 동안 하루도 쉬지 않고 공사가 시작되었으며 공사비도 하나님께서 재정이 마르지 않게 엘리야에게 까마귀를 통해 먹이셨듯이 물질을 부어 주셨다. 그래서 1층과 2층도 나무가 아니라 콘크리트로 5천만 원이 넘게 들어 완공하게 되었다. 사람들은 모두가 '1억 이상 들여서 지셨죠?'라고 물어본다. 믿음으로 헌금하시고, 믿음으로 심고, 믿음으로 시작하니 하나님께서 오병이어의 기적을 일으켜 주셨다. 비가 오고 태풍이 올 때마다 하나님께 감사 찬양이 절로 흘러나온다.

🐔 여기까지가 끝인가 보오

박경자 선교사님은 한인으로 미국에서 30년 넘게 생활하면서 미국 시민권자로서 미국인 남편이 지병으로 사별하자 평신도 선교사로 5년 동안 두마게티에 사역하고 있었다. 지금은 고인이 되었지만, 우리를 이곳으로 초청한 장본인이다. 박 선교사님은 평신도 여성 선교사로서 선교 후원 없이 자비량 선교를 하면서 땅을 사고 집과 교회 건축에 필요한 모든 재정을 투자하고 우리를 초청할 당시에는 탈진하여 철수하고 싶은 최악의 상황일 때였다.

박 선교사님은 소천하기 전 나에 대한 질문에 대답으로 첫 번째는 마음에 들지 않았지만, 두 번째와 세 번째 질문에서 '하나님께서 자기의 기도 제목을 들어줘서 고맙다'라는 고백을 듣게 되었다. 박 선교사님은 현재 거주하고 있는 집을 팔아 미국이나 한국에 들어가 사업을 해서 번 돈을 선교비로 보내 주겠다는 계획을 세워 약속까지 했다.

　우리 가족들과 두마게티에서 정착하여 6개월 동안 함께 지내다가 현지 괴한이 쏜 총에 맞아 갑자기 소천하게 되었다. 그분이 돌아가시고 교회와 사택 소유권 문제로 많은 어려움이 발생했다. 이것이 그분과의 드라마 같은 6개월의 시간이 전부다. 그리고 홀연히 우리 곁을 떠났다.

🍎 목사님, 커피값 주셔야죠?

　박 선교사님의 갑작스러운 소천으로 장례와 뒷수습을 하고 우리는 집으로 돌아왔다. 교회 원주민 성도분이 접시에 생선 한 마리를 가지고 왔다. 한국 정서로 보면 "목사님이 힘드시고 피곤하시니까 고기는 못 사드려도 생선 드시고 힘내시라"라고 가져온 줄 알았다. 그런데 생선을 놓고 돌아가지 않는 것이었다. "왜 할 말이 있습니까?"라고 물어보니까 '생선값을 달라'는 것이었다. "얼마 드리면 되느냐?"고 물었는데 '알아서 달라'고 하기에 50페소(한화로 1,000원)를 줬다. 가난은 사람을 인색하게 만들고 부유함은 사람을 여유 있게 만드는 것 같다.

어느 날 교회 성도 집에 심방을 가게 되었다. 예배를 마치고 테이블 위에 보온통과 커피 믹스가 있기에 한잔을 따라서 먹었다. 돌아갈 때가 되어 일어나려고 하는데 '커피값을 내고 가라'는 것이었다. "또 이건 뭐지!" 당시 나로서는 이해가 되지가 않았다. 그것도 우리가 그 집 성도의 딸을 대학교를 보내 주고 있을 때였다. "얼마냐"고 물으니까 5페소(한화로 100원)라고 했다. 조용히 5페소를 옆에 있는 저금통 같은 곳에 돈을 넣고 돌아온 기억이 난다.

그때 나는 이해가 되지 않았으나 지금은 이해가 간다. 문화 차이도 있겠지만 너무나 가난하게 살다 보니 돈 벌 생각밖에 없는 것이었다. 현지인들은 '외국인은 돈이 많다', '부자다'라는 생각 때문에 비록 목사, 선교사일지라도 공짜는 없다. 야박하다는 생각을 넘어 섭섭하지만 어떡하겠는가 가난이 이렇게 만든 것을 누구를 탓하겠는가. 누구도 예외는 없다. 선교사를 포함하여 가족, 친척, 친구, 누구나 커피를 마시면 돈을 내야 한다. 그래서 나는 돌아오는 주일날 너무 황당해서 설교 시간에 이 이야기를 했다.

하나님의 부르심을 받고 말씀과 기도로 당신의 가정에 축복을 주려고 갔는데 대접은 고사하고 성경에 "나그네에게 냉수 한 그릇이라"도 대접하라고 하셨는데 커피값을 받는 것은 아닌 것 같다고 설교를 했더니 그래도 알아들었는지 다음번에 갔을 때는 커피는 물론 가게 가서 콜라와 사이다를 준비해 놓았다.

> 누구든지 제자의 이름으로 이 소자 중 하나에게 냉수 한 그릇이라도 주는 자는 내가 진실로 너희에게 이르노니 그 사람이 결단코 상을 잃지 아니하리라 하시니라.
> And if anyone gives even a cup of cold water to one of these little ones because he is my disciple, I tell you the truth, he will certainly not lose his reward.(마태복음 10장 42절. NIV)

또 한번은 어떤 학생에게 장학금을 주고 신학교를 보낸 남자아이가 있었다. 그 학생의 아버지는 바닷가에서 고기를 잡는 어부였다. 어느 날 신학생 아버지가 바닷가에서 젖은 옷을 입고 싱싱한 물고기 몇 마리를 들고 걸어오고 있었다. 난 당연히 자기 아들을 학교 보내 주고 생활비까지 도움을 주고 있으니 고마워서 주는 줄 알고 은근 흐뭇해하고 있었다. 그런데 그것이 아니라 나에게 팔러 온 것이었다.

한국 정서로는 이해 불가였지만 그들의 삶의 환경을 생각하면 이해될 때가 있다. 어떤 사람은 자녀들 학교 보낼 교통비가 없어 닭을 팔러오는 사람, 염소와 돼지를 몰고 와서는 팔아 달라는 사람, 심지어 돈을 빌려 가고 갚지 않는 사람, 별의별 사람이 다 있었다.

그리고 10년 동안 파송교회와 후원교회 없이 선교 활동을 하는 가운데 많은 재정의 어려움도 있었다. 그래서 자립한다고 손수 콩나물을 재배해 보았다. 그리고 두부를 직접 만들어 팔아 보기도 했다. 심지어 느타리버섯을 재배한다고 종균 배지(培地)를 만들기 위해 볏짚과 왕겨를 뜨거운 불로 고온의 스팀을 하고 온실을 지어 재배해 성공은 했으나 건강과 여러 가지 문제 때문에 더는 지속하지 못했다. 하나님께서 "기도에 집중하라"라는 신호인 줄 알고 기도에 집중했다.

한국에 있을 때부터 철야 기도 외에는 오후 9시 전에 잠들어 새벽 3~4시에 일어나면 교회 가서 평생을 기도해 왔다. 선교지에 와서도 말씀과 기도에 게을리하지 않고 지키고 있다. 왜냐하면, 무시로 성령 안에서 깨어 기도하라고 하셨기 때문이다.

> 모든 기도와 간구를 하되 항상 성령 안에서 기도하고 이를 위하여 깨어 구하기를 항상 힘쓰며 여러 성도를 위하여 구하라.
> And pray in the Spirit on all occasions with all kinds of prayers and requests. With this in mind, be alert and always keep on praying for all the saints.(에베소서6장18절.NIV)

기도 없이는 선교지에서 무너질 수밖에 없고 자신의 신앙과 믿음을 지킬 수밖에 없는 것이 말씀과 기도이기 때문이다. 선교사가 자신을 지키는 방법은 일 중심이 아닌 하나님 중심으로 먼저 "말씀과 기도"로 경건의 거룩한 습관을 생활화하면 거룩의 능력이 나를 보존해 주고 모든 유혹에서 지켜 주기 때문이다. 디모데전 4장 5절에는 "말씀과 기도로 거룩하여진다."라고 기록하고 있다. 모든 유혹에서 이기는 힘은 하나님과의 친밀하고 성실한 기도 생활이다. 기도는 건강한 선교사역을 오래도록 감당할 수 있는 선교의 비법이다.

우리 사택과 교회와의 거리는 걸어서 2~3분이면 충분하다. 교회 가는 길은 정비된 도로가 아니라 개울을 건너 숲을 지나가게 되는데 가끔 나뭇가지들이 머리에 닿으면 손으로 꺾으며 가곤 한다. 한번은 나뭇가지가 축 처져 있기에 무심코 손으로 꺾으려고 손으로 움켜잡았는데 무언가 물컹하고 잡히는 것이 아닌가. 다름 아닌 뱀이 나뭇가지에 감겨 무거워서 축 처져 있었던 것이었다. 뱀에 물리지 않고 상황이 종료되었다. 천만다행이다. 선교지에서는 까딱하면 죽을 수 있는 위험 여건이 많다. 낙후된 환경에서는 작은 일, 사소한 일에도 생사를 오갈 수 있다. 모든 것들이 하나님의 은혜이다.

믿는 자들에게는 이런 표적이 따르리니 곧 그들이 내 이름으로 귀신을 쫓아내며 새 방언을 말하며 뱀을 집어 올리며 무슨 독을 마실지라도 해를 받지 아니하며 병든 사람에게 손을 얹은즉 나으리라 하시더라.
And these signs will accompany those who believe: In my name they will drive out demons; they will speak in new tongues; they will pick up snakes with their hands; and when they drink deadly poison, it will not hurt them at all; they will place their hands on sick people, and they will get well."(마가복음 16장 17절~18절. NIV)

🍊 대장암 3.5기에서 살아나다

선교사역 10년째 되던 2013년 4월에 대장암 판정을 받고 내가 대장암이라는 것을 그때까지만 해도 믿어 지지가 않았다. 그동안 병원 한번 가보지 않고 나름대로 건강하고 긍정적 마음을 가지고 살아온 나로서는 '대장암'이라는 진단이 처음에 믿어 지지가 않았다. 그래서 6개월 동안 배가 아팠다가 괜찮다 하기를 반복했을 때에도 병원 한번 가보지 않았고 배탈약만 이것저것 챙겨 먹었지만 별 도움이 되지 않았다.

지금 생각해 보면 "미련했다"라는 생각을 떨칠 수가 없다. 주변에 많은 사람이 병원에 한번 가보라고 했음에도 불구하고 병원에 갈 생각조차 하지 않았다. 배가 주기적으로 아플 때는 "소화제나 회충약을 찾아 먹고 마지막으로 장(腸) 청소를 한번 해보고 안 되면 금식하다"가 죽는 것밖에 없다고 생각했다. 1.5리터 콜라병에 소금 두 숟가락 넣고 조금 따뜻한 물로 희석해서 15분 간격으로 한

컵씩 마셨는데 전혀 반응이 없었다.

그제야 내 몸 상태의 심각성을 느낄 수 있었다. 소금물을 먹고 2시간이 넘어가자 배에 통증이 일어나 말할 수 없이 아프기 시작했다. 장이 막혀 소금물이 통증을 일으킨 것이었다. 아들을 불러 병원으로 가서 대장 내시경 검사를 받게 되었는데 그 결과는 '대장암'이라는 진단 결과가 나왔다.

그날 밤 한국 가는 비행기 표를 끊고 한국에 도착하기 전 병원에 사전예약이 되어 있었기에 바로 수술을 하게 되었다. 마취한 상태로 3시간 넘게 수술을 하고 병실로 옮겨 졌는데 깨어나고 마취가 풀리는 순간부터 통증과 고통은 이루 말할 수 없이 아팠고 얼마나 아팠는지 말하는 것과 사람들이 찾아와 병문안 오는 것조차 귀찮게 느껴질 정도였다. 그제야 처음으로 아픈 사람의 마음을 느낄 수 있었다.

담당 의사는 '수술 후 1주일이 넘어 스스로 운동해야 한다.'라고 했다. 해서 걷기 운동을 하는데 한 걸음 한 걸음 걷는 것이 얼마나 힘들었는지 너무 고통스러워 예수님의 십자가를 생각하며 병원 기도실에 들어가 하염없이 회개하며 울어본 적도 있다. 한 달 정도 입원해서 6개월간 10번의 항암치료를 받고 다시 선교지로 돌아온 것이 기적같아 보였다. "건강해야 선교도 할 수 있겠다"라는 깨달음을 가지고 10년 넘게 꾸준한 운동과 음식조절을 해가면서 건강관리를 하며 장기 선교사역을 위하여 영혼과 육체를 돌보고 있다.

나의 대장암 발병을 역추적 해보니 나쁜 식생활 습관이 한몫을 차지하고 있었다. 나쁜 습관이 병을 불러온 것이다. 필리핀은 그것도 남부 두마게티 고온의 날씨는 아직도 적응이 안 될 정도로 힘들다. 온도가 덥다 못해 따가워서 열을 식히기 위해 항상 냉장고에 들어있는 얼음물과 시원한 탄산음료를 즐겨 마셨다. 그리고 기름기 있는 육류와 튀긴 요리를 즐겨 먹은 것이 화근이 되었다.

또 한 가지 이유는 금식 후 몸 상태를 돌보지 않았다. 금식 후에는 보식을 하면서 수분섭취를 충분히 해야 한다. 하지만 금식을 하다 보면 보식이나 수분섭취를 못 하는 경우가 있다. 몸 상태에 따라 수분 흡수가 충분히 되지 않으면 탈이 난다는 것을 이제야 비로소 깨닫게 되었다. 아픈 사람 마음은 본인이 직접 아파 봐야 알듯이 새삼 건강의 중요성과 생명의 소중함을 항암치료를 받으며 깊이 깨닫게 되었다.

> 너는 내일 일을 자랑하지 말라 하루 동안에 무슨 일이 일어날는지 네가 알 수 없음이니라.
> Do not boast about tomorrow, for you do not know what a day may bring forth.(잠언 27장1절, NIV)

🍎 유튜브 채널-밥먹자GO(Bapmukjago)

한 가지 소개해 드리고 싶은 것은 유튜브(YouTube) 영상 사역이다. 오래전부터 아내의 꿈은 요리사였다. 본인의 요리에 솜씨가 있다는 사실을 뒤늦게 알게 되었다. 한국에 있을 때는 홀로 사시는 장모님과 생활했기에 음식은 장모님이 담당하셨다. 아내는 요리에 대해 크게 신경 쓰지 않았다. 가끔 주방에서 두 사람이 요리할 때면 서로의 요리 때문에 다투는 일도 있었다. 그래서인지 서로가 질투 아닌 질투 때문에 부엌일은 아내가 한 걸음 물러서 있었다.

선교지에 와서 아내가 전적으로 요리를 했다. 요리에 관하여 배워가며 실재적으로 큰 노력을 했다. 본인의 요리로 사람들에게 대접하기도 했다. 아내의 음식을 접한 사람들이 '요리가 맛있다'라는 반응이 칭찬처럼 들려서인지 요리에 자신감이 생겨 더 재미를 가지고 연구하게 된 계기가 되었다. 사람들이 이구동성으로 '이 요리를 유튜브에 올려 보세요', '대박 날 것 같은데요' 그래서 그때부터 용기를 내어 꿈을 가지게 되었다.

아내는 '언젠가 나의 요리를 유튜브에서 선보일 것이라'라는 부푼 꿈을 가지며 기도하며 그때가 언제가 될지는 몰라도 그때만을 기다리고 있었다. 그러나 여러 가지 풀어야 할 난제들이 많았다. 유튜브 영상 사역을 하기 위해서는 혼자서는 제작을 할 수 없는 일이었다. 꿈은 컸지만, 현실은 암담했다.

딸은 필리핀 두마게티에서 대학을 졸업하고 한국에 나가 직장생활을 하고 있었다. 잘 적응할 때쯤에 '코로나 19'로 인해 한국 사회 시스템이 멈춰 버렸다. 다니던 직장을 잃고 오피스텔에서 고민하다 자신과 같은 처지에 있는 자취생들을 위한 간단한 요리와 간식을 유튜브와 라이브 방송으로 시작했다. 방송을 이어가면서 차츰 용기를 찾게 되었다. 하지만 언제 끝날지 모르는 '코로나 19'는 딸의 마음을 점점 초조하게 옥죄어왔다.

딸은 한국의 상황이 좋지 않아 마음고생과 생활고에 이루말 할 수 없을 정도로 힘겨운 시기를 지나고 있었다. 아무리 생각해도 짧은 시간에 코로나 팬데믹 이전으로 회복되기까지 '무작정 기다리며 이렇게 있는 것이 최선일까'하는 생각 끝에 다시 필리핀으로 돌아왔다.

딸은 6개월 동안 자신이 운영했던 채널을 접고 그 채널을 엄마인 아내가 이어받게 되었다. 채널을 양도해 준 것이다. 그렇다고 해서 완전히 손을 뗀 것은 아니고 총괄제작자가 되어 돕겠다는 계획이었다. 사실 요리 채널은 그동안 기다려온 아내의 기도 응답이었고 바라고 꿈꾼 것이었다. 딸도 엄마 닮아 엄마 못지않게 요리를 잘하는 편이다. 그리고 전공도 식품영양학과 전공이다. "젊은 네가 유튜브를 해야 생동감이 있고 반응이 좋을 것이라"라고 조언도 했지만, 딸은 한사코 제작하는 것이 더 좋다기에 더는 말을 하지 않았다.

현재는 '밥먹자GO(Bapmukjago)' 연출자(PD)가 되어 본인의 채널에 아내를 출연시켜 제작에 집중하여 현재까지 매주 새로운 영상을 업데이트(update)하고 있다. 하나님께서는 미리 요셉을 애굽으로 보내시고, 모세를 광야로 보내서 하나님의 구원역사를 준비시키신 것과 같이 이미 영상제작이 가능한 사람들을 준비시켜 놓으셨다. 하나님께서는 우리의 꿈을 반드시 이루어 주신다. 우리의 꿈이라기보다 하나님의 꿈을 우릴 통해 이루시기를 원하시기에 소박한 꿈이라도 이루어 주시는 것이다. 하나님의 뜻에 크게 벗어나지 않으면 웬만하면 들어 주신다.

기록된 바 하나님이 자기를 사랑하는 자들을 위하여 예비하신 모든 것은 눈으로 보지 못하고 귀로 듣지 못하고 사람의 마음으로 생각하지도 못하였다 함과 같으니라 오직 하나님이 성령으로 이것을 우리에게 보이셨으니 성령은 모든 것 곧 하나님의 깊은 것까지도 통달하시느니라.
However, as it is written: "No eye has seen, no ear has heard, no mind has conceived what God has prepared for those who love him" -- but God has revealed it to us by his Spirit. The Spirit searches all things, even the deep things of God.(고린도전서 2장 9절~10절,NIV)

'밥먹자GO' 유튜브 채널은 2022년도 3월에 시작해서 지금 3년째 접어들었는데 작년에 기도 제목이 구독자 10만이였는데 그 기도 제목이 조만간 이루어질 것 같다. 처음에는 한류 바람이 불어 'K-푸드'로 승부를 걸고 시작했는데 반응이 좋지 않았다. 하지만 시간이 지날수록 조회 수와 좋은 반응이 나타나고 있지만 향후 필리핀 로컬음식으로 메뉴에 다양화를 통해 각국의 음식을 선보일 예정이다.

중요한 것은 구독자들의 좋은 반응과 호응이다. 단순히 유튜브 채널을 운영해서 구독자 수를 늘려 영리적 이득을 보는 것이 목적이 아니다. 현시대의 도구들을 선용하여 복음을 전하고 교회를 세워 하나님의 사람들을 양육하여 헌신하게 하는 선교적 접근의 한 방법이다.

🍎 다시, 처음처럼

2003년도 필리핀 땅에 첫발을 내딛고 21년째 하나님의 은혜로 두마게티에서 사역을 감당하고 있다. 두마게티에 처음 도착하자마자 초등학생과 고등학생들에게 매주 주일예배 참석과 성경 암송으로 장학금을 지원해 주어 신학교를 졸업한 후에 사회로 나가 취직하거나, 한국으로 진출, 교회의 사역자로 섬기고 있다. 현재는 교회 개척 사역과 제자 양육으로 마사플로교회, 말루와이교회, 자와교회, 탄아이교회, 마가보교회, 시아톤말로교회를 포함하여 총 여섯 개의 교회를 섬기고 있다. 여섯 교회는 현지인 사역자에게 맡기고 각자 지도력을 갖추고 하나님의 교회를 든든히 세워가고 있다.

요즘 한국이나 필리핀이나 똑같이 신학교에 들어가지 않으려고 한다. 물론 사명감도 부족하지만, 현실적인 문제는 사례비가 박봉이라 생계유지가 곤란한 까닭이다. 현실의 상황은 그렇다 할지라도 우리는 말씀과 기도로 양육하여 꾸준히 신학교에 입학시키고 있다. 현재 신학교 3학년에 입학하여 공부하고 있고 올해 2명이 신학교에 입학했다. 그리고 2025년도 입학할 예비 신학생이 생겼다. 얼마나 감사한 일이 아닌가. 훗날 모든 사역을 현지 사역자들에게 이양하는 그날까지 하나님의 충성된 일꾼들을 세워나가야 한다.

🌱 땅끝 거인의 가족 이야기

우리 가족은 나와 아내 그리고 아들과 딸을 하나님께서 선물로 주셨다. 필리핀 선교지로 나올 때 아들이 초등학교 5학년, 딸이 4학년이었다. 처음에 아이들이 선교사인 우리 부부보다 현지 적응에 빨랐다. 음식과 언어에 적응하는 속도가 우리 부부를 추월하고도 남았다. 어느 선교사님 때문에 선교지에 도착하자마자 50년 된 현지 초등학교에 입학하여 다니게 되었다. 이것이 하나님의 은혜가 아니었나 싶다. 왜냐하면, 언어에 스트레스를 받지 않고 곧바로 학교에서나, 밖에서나 현지인들과 함께 공부하며 놀면서 1개월 만에 현지 언어가 되었다. 그래서 아이들이 처음에 선교사역 활동에 특히 통역하는데 많은 도움이 되었다.

딸내미 같은 경우에는 현지 아이들과 놀러 갔다 오기만 하면 머리에 이 잡는 것이 일이었다. 그렇지 않으면 가려워 잠을 잘 수가 없었다. 당시만 해도 전기가 들어오지 않는 집들이 많았다. 두마게티에 와서 1달 동안은 전기 없이 산 적이 있다.

현재 아들은 호주에서 영주권을 취득하여 열심히 일하고 있으며 교회는 호주 순복음 한인교회에서 찬양 사역과 중·고등부 교사로 봉사하고 있다. 딸은 유튜브 채널 '밥먹자GO(Bapmukjago)' 총 책임자로서 촬영, 편집, 제작하여 운영하고 있다. 키울 때는 어렵고 힘들었지만 지금에 와서는 자녀들 때문에 보람을 느낀다. 특히 딸 때문에 요즘 밖에 나가면 연예인 아닌 연예인 대접을 받을 때가 많다. 유튜브 개인방송 채널 때문에 많은 사람이 우리 부부를 알아봐 주고 응원해 주면서 함께 사진을 찍곤 한다. 그때마다 감사하게 생각한다.

🍎 폐가(廢家)와 폐차(廢車)

우리는 부부는 2024년 3월 코로나가 끝나고 처음으로 한국을 방문하게 되었다. '코로나 19'는 한국교회와 선교사에게 큰 시련을 주었다. 많은 교회가 폐쇄되어 문을 닫아 재정의 어려움으로 인해 없어진 교회들이 생겨났다. 선교사 역시 이러한 어려움으로부터 자유로 울 수 없었다. '코로나 19'에 감염되어 치료차 긴급하게 한국으로 후송되어 들어오기도 하고, 후원이 중단되어 철수하는 일들이 발생했다. 당시 상황이 상황인지라 선교사를 반겨주는 교회들이 많지 않았다.

어렵게 한국을 방문하려면 먼저 해결되어야 할 것이 숙소문제다. 한국에 체류하는 선교사에게는 고질적인 문제는 숙소이다. 어린 시절 주일학교 성극에 나오는 요셉과 마리아 대사가 생각난다. '빈방 있나요?' 예수님 당시에도 없고 지금도 없는 것 같다. 선교센터에서 운영하는 숙소에 빈방이 있어도 최소 6개월에서 1년 전에 예약해야 한다. 좋은 예약제도 이기는 하지만 선교사가 어디 예약하고 한국을 방문할 수 있는 한가한 사람이 아니다. 늘 상황에 쫓기듯 예측 불가한 것이 선교사의 삶이다. 아무리 친한 가족이라도 일주일 넘게 있으면 서로가 불편함을 느낄 때가 한두 번이 아니다.

이번 한국 방문 때에 겪었던 실제 경험담을 이야기해 보려고 한다. 빈방도 없고 예약도 할 수 없어 급하게 아는 지인을 통해 선교센터 숙소에 들어가 묵게 되었다. 선교센터 안에는 교회와 목사님 사택까지 있어 새벽예배로부터 시작해서 매끼 식사 준비와 식사를 공동으로 해야 했다. 불편함이란 이루 말할 수 없다. 감사하기는 하지만 무척 힘들었다. 잠시 머물다 이곳을 떠나 다른 곳으로 숙소를 옮겨야 했다.

지인 목사님의 소개로 파주 민통선 근처 시골 빈집을 이용할 수 있었다. 천만다행이라 생각하고 막상 도착해 보니 1970년대 '새마을 운동'의 현장을 재현해 놓은 드라마 세트장을 방불케 했다. 바로 촬영을 해도 손색이 없을 정도로 세월을 빗겨 갔는지 시간이 멈췄는지 한숨이 나왔다. 가장 인상적인 것은 화장실이었다. 집 내부에 있는 것도 아니고 마당 뒤쪽 귀퉁이에 자리하고 있었다. 현대식이 아니라 재래식이었다.

벽에는 거미줄이 얼기설기, 꼴랑 두루마리 휴지가 걸려있고 옆에는 휴지통이 있었다. 양변기도 아니고 쪼그려 자세로 오래 있으면 다리가 저리는 바로 그 자세로 있어야 하는 그런 화장실이었다. 한국을 떠난 후 처음으로 접해본 상황이다. '새마을 운동'이 여기만 안된 건지 '헌 마을'의 친환경적 유기농 화장실이었다. 21세기 문명과 단절된 지역인지 우리 부부가 달나라에 처음 도착한 우주인처럼 느껴졌다. 여기서 우리는 새벽예배와 저녁 기도를 드리며 적막하다 못해 불안하기도 했다. 민통선 지역인지라 간첩이 올지 모른다는 불안감까지 들었다. 잠시나마 머물 수 있어 감사했지만, 인근에 사람이라곤 찾아볼 수 없어 고립감마저 들었다.

선교사가 편하게 쉰다는 자체가 좋은 것은 아니지만 선교지를 떠나 고국에서 일주일이나 한 달 정도 개인적인 시간을 갖는 것도 꼭 필요하다고 생각한다. 선교사가 고국을 방문해서 가장 필요한 것은 주거와 교통수단이다.

이번에 겪은 두 번째의 경험담이다. 선교사들을 위해 교통편의를 제공하는 '차량선교회'에서는 무료로 차량을 대여해 준다고 해서 한 달간 이용하게 되었다. 차량을 인수하고 차량의 외부와 내부 그리고 운행 거리 등을 점검 절차 후에 차를 이용할 수 있었다. 직원의 안내에 따라 이상소견이 없다고 하여 출차 하였다. 분명히 직원의 최종 소견은 이상 없는 차량이라고 했는데 인수하고 2주 후 문제가 발생했다. 하필 비가 오는 밤 그것도 지방에서 숙소로 돌아가는 길이었다. 늦은 밤 카센터에 사정사정해서 수리를 맡겼다. 엔진룸 보닛(bonnet) 열고 작업을 했다. 마음이 급했다. 곧 카센터 영업시간이 끝나갈 시간이라 그 전에 작업을 끝내야 했기에 '차량선교회'에 연락하여 자초지종을 말할 시간적 여유가 없었다. 일단 자비로 수리비를 정산하여 최대한 '차량선교회'에 피해나 부담을 주지 않으려 했다.

차량 수리를 마치자마자 '차량선교회' 담당자에게 연락하여 상황을 설명했다. 하지만 돌아온 대답은 황당하기 그지없었다. '왜 허락 없이 차량을 수리했냐'는 것이었다. 호통을 치며 야단을 치는 것이었다. 상황을 설명했지만, 소용이 없었다. 내가 할 수 있는 제일 나은 방법과 최소한의 수리비용으로 그것도 자비로 처리했는데 칭찬은 고사하고 책망을 듣고 있노라니 화도 나고 어이가 없었다. 더 황당한 사건은 담당자가 한 말이다. '어차피 폐차시킬 차인데 고치면 어떡하냐'는 것이었다. 할 말도 많았지만, 화를 참으며 숙소로 돌아왔다. 여기서 끝이 아니었다.

자동차 수리하고 딱 일주일 후에 고속도로 운행 중이었다. 아무리 가속 페달을 밟아도 계기판에 차량의 속도가 40km 이상 속도가 올라가지 않고 엔진 과열이 되어 갓길에서 1시간 정도 멈춰 섰다. 다시 시동을 걸고 출발했지만 증상은 마찬가지였다. 고속도로 최고 40km 속도로 집까지 왔다. 고속도로에서 40km로 가는 것도 웃기지도 않았다. 과속이 아닌 저속차량으로 속도위반 단속대상이었다. 우여곡절 끝에 무사히 숙소에 들어왔다.

다음날이 되어 시동을 걸었다. 시동이 걸리지 않는 것이다. 몇 번이고 시동을 걸었지만 차는 깨어날 기미조차 보이지 않았다. 다시 담당자에게 연락했다. 결국, 폐차하기로 결정이 났다. 이렇게 허무할 수가 있나 싶었다. 곧 견인차가 도착했다. 차를 견인차에 싣고 가는 그때 견인차 기사분이 했던 마지막 말이 마음에서 떠나지 않앉다. '혹시 차 안에 귀중품 없으십니까? 이 차는 오늘 가는 즉시 폐차 들어갑니다'.

나는 잠시 생각에 잠겼다. 이 차는 수명이 다 되어 자기 마지막 갈 길로 가게 되는데 사람으로 치면 오늘이 장례식날 화장터로 가는 날이다. 나의 마음이 찹찹한 기분이 들었다. 그날 오후 '차량선교회'에서 다른 차로 교체해 주었다. 새로 교체된 차도 연식이 20년이 다 되어가는 차였다. 에어컨이 안 돼 자비로 돈을 들여서라도 고쳐 보려고 했지만, 카센터에서 수리비가 자동찻값보다 더 많이 나온다고 만류하여 그냥 타고 다니기로 했다.

일련의 경험을 통해 누군가를 섬긴다는 것은 실로 아름다운 선행이다. 섬김은 대상과 상황에 따라 달라진다. 섬기는 자의 입장이 아닌 섬김의 대상에 입장을 고려해야 한다. 선교사는 섬김에 무조건 감사하다. 하지만 섬김에는 원칙이 있어야 한다. 섬김이 불편이 되면 섬김의 품격이 떨어진다. 섬김에는 성숙 된 배려가 더 좋은 섬김의 결과를 만들어 낸다. 세밀한 섬김이 감동을 줄 수 있어야 한다. 오늘도 아무도 하지 않는 섬김의 일들을 묵묵히 감당하시는 모든 분께 감사의 마음을 전하고 싶다. 하지만 아쉽고 씁쓸한 마음이 남는 이유는 무엇일까… … .

🍎 하나님의 위대한 비전을 담는 그릇이 되다

유튜브 '밥먹자GO(Bapmukjago)' 채널을 시작하면서 하나님께서 많은 것을 생각나게 하셨다. 그동안에는 현실에 매몰되어 하루하루 사역하기에 급급했다면 미래의 꿈을 꾸게 하셨다는 것이다. 선교지에 도착해 한국에서 하듯이 주일 낮 예배, 주일 저녁 예배, 수요 예배,

철야 예배, 새벽 예배까지 이어가면서 하나님께서 많은 사람을 붙여주셔서 주일 저녁에는 연합예배까지 드리면서 현지인 목사님들이 돌아가면서 설교를 담당했다. 모임 장소가 비좁아서 앞으로 큰 강당이나 체육관을 빌려서 예배드릴 계획까지 세웠다.

그때 하나님께서 내 마음 가운데 100개 교회를 세우고 10명의 현지인 선교사를 파송하라는 감동을 주셨다. 한동안 얼떨떨했지만 감동하여 기도했다. 2~3년이 지나자 성도들도 빠져나가고 예배 숫자도 줄어들고 이 뜨거운 마음이 식기 시작했다. 유튜브 채널을 시작하면서 하나님께서 다시 기억나게 하셨다. 현대인들은 성경도 유튜브를 통해 보고 찬양, 세미나, 간증, 공부, 운동, 여행, 수업도 영상을 통해 이루어진다. 거룩한 콘텐츠를 통해 하나님의 문화를 확장 시켜 나가야 하는 시대적 사명으로 와닿는다.

🍎 네 나이가 어때서, 네 자손을 통하여

현재 나의 기도는 100개 교회 개척과 10명의 선교사 파송을 위한 계획을 세워 기도하고 있다. 어느 날 나의 나이가 60이면 어느 세월에 100개 교회를 세울까 고민하면서 기도했는데 하나님께서 이런 감동을 주셨다.

"네가 아니라도 너의 자손들이 한다."라는 것이다. 그래서 곧바로 자녀들에게 물어봤다. "나는 나이가 들어 100개 교회를 못 세우면 어떻게 하지" 했는데 아이들이 그럼 자기들이 하겠다고 약속을 받았다. 우리 부부의 계획은 교파를 초월해서 현지인 중에는 가정에서 예배를 드리는 열심 있는 사역자들이 많이 있다. 그들을 찾아가서 예배당을 지어 주고 자립할 때까지 지원하여 이양하는 것이 목표이다.

또 하나의 비전은 우리 부부가 하는 유튜브 '밥먹자GO' (Bapmukjago) 방송 채널을 통하여 단체, 교회에 들어가 교제와 간증, 설교와 세미나로 하나님께서 일하실 것으로 믿고 기도하고 있다. 현재 준비하고 있는 영상 사역으로는 유튜브 방송 설교이다. 글로벌 시대에 물리적으로 복음을 들고 직접 찾아가지는 못하지만 요즘 세대는 와이파이, 모바일 데이터 인터넷 통신망과 온라인 매체를 통해 단말기만 있으면 손바닥 안에서 하나님의 은혜를 경험할 수 있다. 하나님께서는 우리가 계획하고 생각하는 이상까지도 알고 계시고 역사할 줄 믿는다.

> 일을 행하시는 여호와, 그것을 만들며 성취하시는 여호와, 그의 이름을 여호와라 하는 이가 이와 같이 이르시도다 너는 내게 부르짖으라 내가 네게 응답하겠고 네가 알지 못하는 크고 은밀한 일을 네게 보이리라.

"This is what the LORD says, he who made the earth, the LORD who formed it and established it -- the LORD is his name: `Call to me and I will answer you and tell you great and unsearchable things you do not know.'(예레미야 33장 2절~3절)

끝으로, 만물의 마지막이 가까워 왔다. 바로 지금이 하나님을 만날 만한 때요 깨어 기도할 때인 줄 믿고 주님 오실 그날에 이를 갈며 후회하는 자가 아니라 착하고 충성된 종으로 칭찬받는 믿음의 사람들이 되기를 소망한다. 전 생애를 통해 하나님께 사랑받고, 쓰임 받고, 인정받는 삶이란 인생 최고봉이라 할 수 있다. 진정 행복한 사람이고 땅끝에서 영적 거인의 삶을 누리며 사는 것이다.

보라 지금은 은혜 받을 만한 때요 보라 지금은 구원의 날이로다.
I tell you, now is the time of God's favor, now is the day of salvation.(고린도전서 6장 2절)

유튜브 채널 '밥먹자GO'
(Bapmukjago) QR코드를 스캔하면 영상을 만나볼 수 있습니다. 함께 만들어가는 영상으로 선교사역에 동역자로 동참할 수 있습니다. 여러분들의 많은 기도와 성원을 부탁드립니다.

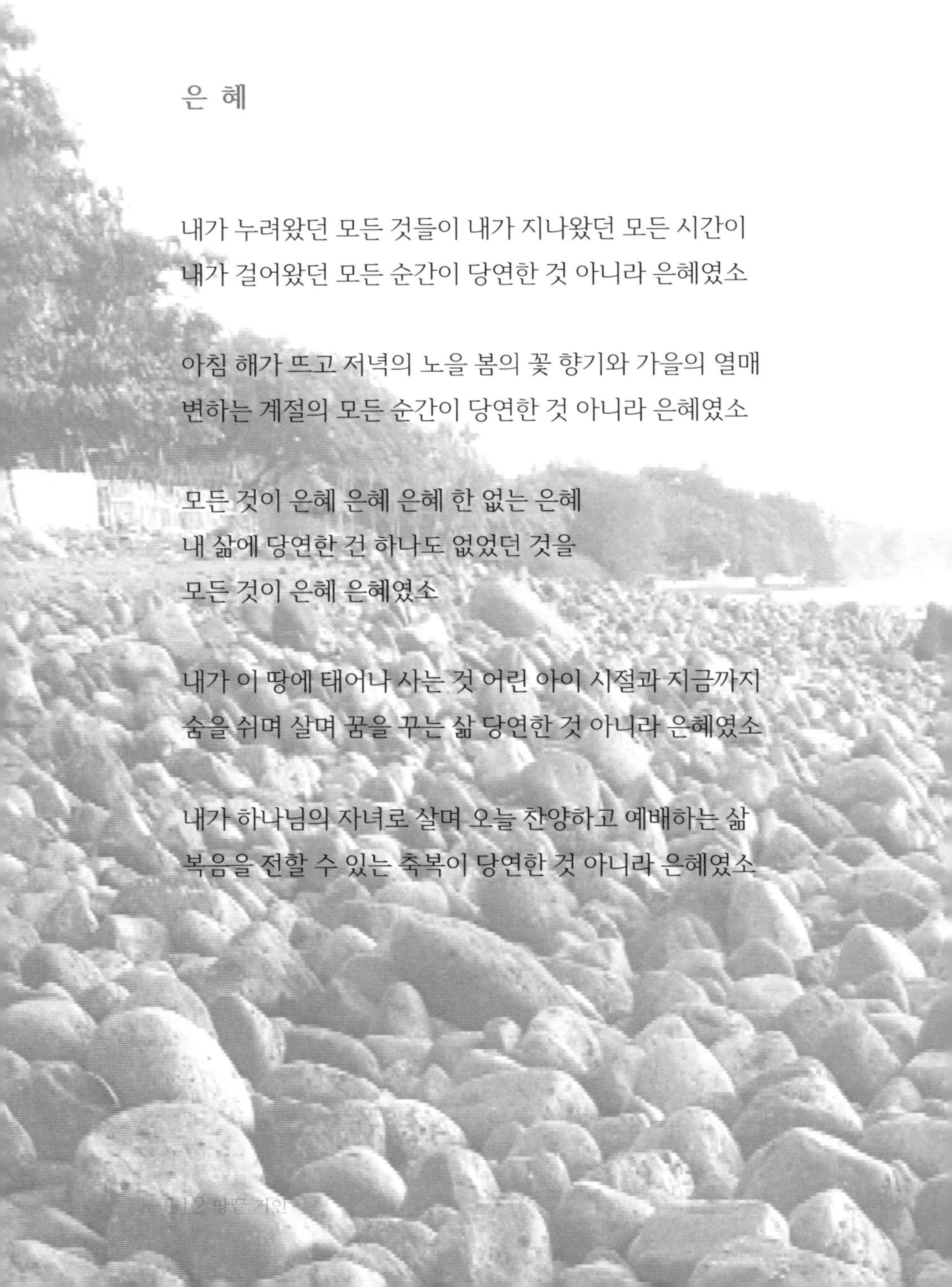

은 혜

내가 누려왔던 모든 것들이 내가 지나왔던 모든 시간이
내가 걸어왔던 모든 순간이 당연한 것 아니라 은혜였소

아침 해가 뜨고 저녁의 노을 봄의 꽃 향기와 가을의 열매
변하는 계절의 모든 순간이 당연한 것 아니라 은혜였소

모든 것이 은혜 은혜 은혜 한 없는 은혜
내 삶에 당연한 건 하나도 없었던 것을
모든 것이 은혜 은혜였소

내가 이 땅에 태어나 사는 것 어린 아이 시절과 지금까지
숨을 쉬며 살며 꿈을 꾸는 삶 당연한 것 아니라 은혜였소

내가 하나님의 자녀로 살며 오늘 찬양하고 예배하는 삶
복음을 전할 수 있는 축복이 당연한 것 아니라 은혜였소

모든 것이 은혜 은혜 은혜

한 없는 은혜 내 삶에 당연한 건 하나도 없었던 것을
모든 것이 은혜 은혜였소

한 없는 은혜 내 삶에 당연한 건 하나도 없었던 것을
모든 것이 은혜 은혜였소
모든 것이 은혜 은혜였소
모든 것이 은혜 은혜였소[4]

---

4. CCM 송경민 1집에 '은혜' 곡으로 수록된 가사이다. 황현중 선교사가 뽑은 가장 좋아하는 찬양곡이다.

땅끝 거인 3.

필리핀
일로일로(ILOILO)
오세요

땅끝 거인 3.
필리핀 일로일로(ILOILO) 오세요

장원전 선교사

장원전 선교사는 2006년 파송 받아 현재까지 필리핀 파나이 일로일로(ILOILO)에서 교회개척, 목회, 교육, 기아대책 개발사역(CDP & VOC)을 감당하고 있다.

♣ 필리핀의 이모저모

필리핀은 지리적으로 동남아시아의 동북단에 있으며 아시아와 오세아니아 대륙 사이에 자리 잡은 7,107개의 크고 작은 섬으로 이루어진 군도 국가이다. 대부분 무인도에 불과해 사람이 사는 섬은 약 880개 뿐이며 이름이 붙여진 섬도 약 2,700개밖에 존재하지 않는다. 인천공항에서 비행기를 타면 4시간 후 필리핀 수도 마닐라(Manila)에 도착할 수 있는 여행하기 딱 좋은 거리에 있다.

대한민국 현대사에서 필리핀은 참으로 고마운 나라이다. 필리핀과는 1949년 3월 3일 수교했고 1954년 1월 19일 마닐라에 한국 공사관이 설치된 데 이어 1958년 2월 1일 대사관으로 승격했다. 필리핀은 1946년에 미국으로부터 완전 독립을 승인을 받은 지 4년이 지나고 있었다. 1950년 6월 25일 한국 전쟁 당시 필리핀은 참전 국가로서 미국과 영국에 이어 세 번째로 즉각적인 파병을 결정하고 전투병력 7,420명을 한국에 파병했다. 이는 참전국 중 여섯 번째로 많은 숫자이다.

필리핀군은 철원과 서울을 연결하는 3번 국도를 중심으로 작전을 전개했다. 서울을 재탈환한 이후 다시 **빼앗기지** 않기 위해 매우 중요한 전략적 요충 국도였다. 1951년 4월 22일 중공군은 이를 인지하고 34단의 전 병력을 동원하여 총공격을 감행했다. 일명 '율동전투'에서 필리핀은 한국전에 참전하여 가장 치열하고 가장 큰 대승을 거둔 전투였다. '율동전투'에서 필리핀군은 12명 전사, 38

명 부상, 6명 실종인 반면에 중공군은 500명의 사상자가 발생하는 엄청난 대승을 거뒀다.

제10대대 전투단 부대 표지　20대대 전투단 부대 표지　제19대대 전투단 부대 표지　제14대대 전투단 부대 표지

1521년에 스페인 카를로스 1세(Juan Carlos I)의 후원으로 실시한 서회 항로 탐험 중에 마젤란(Fernando de Magallanes)이 세부에 도착하면서 필리핀이 유럽에 알려지게 되었다. 마젤란은 세부섬 족장

우마본의 아내에게 존경의 의미로 산토니뇨 상(Santo Niño, 아기 예수)을 선물했다. 지금에 와서는 또 하나의 무속신앙으로 자리 잡고 있다. 16세기 가톨릭 전래 후 사목자(司牧者)가 없는 44년간 세부 원주민 신자들이 이 아기 예수상을 바라보며 신앙을 지켰다고 전해진다. 스페인 정복 당시 한 손엔 십자가와 한 손엔 칼을 들고 정복의 첫 발을 내디뎠다. 가톨릭을 받아들이거나 죽거나 해야 하는 생사의 갈림길에 선 것이다. 1521년 마젤란과 함께 필리핀에 도착했던 스페인 신부 '페드로 데 발데라마'가 첫 미사를 필리핀에서 인도하였다.

산토니뇨 아기 예수상은 어린 예수가 왕의 가운을 입고 있는 성상이다. 필리핀 사람들에게 있어 우상 또는 무속신앙으로 자리 잡고 있는데 집이나, 상점 안에 비치해 두고 있어 손쉽게 발견할 수 있다. 그릇에는 쌀, 소금을 넣어 놓고 발밑에는 동전을 깔아놓는다. 이는 죽은 영혼들을 기리기 위한 신앙의 표현들이다.

국가명 'Philippines'는 스페인 왕 필립 2세를 기념하여 유래하였는데, 필립 2세의 이름도 사도행전 나오는 열심 있는 전도자인 빌립 집사의 이름을 따른 것이다. 필립 2세는 필리핀을 정복한 것은 경제적 이유보다도 가톨릭을 전파하는 목적이 우선한다고 밝혔다. 필리핀 사람들은 스페인 가톨릭 선교사들의 헌신적인 신앙과 가톨릭 교리를 그대로 수용하였다. 스페인은 1565년부터

1898년까지 330여 연간 필리핀을 지배하였으며, 그 지배하에서 가톨릭은 정교밀착(政教密着)하여 필리핀 사회에 큰 영향을 주었다. 오늘날에도 필리핀 사회에서 가톨릭의 영향력은 막강하며 대다수 사람은 가톨릭 신자들이다.

♣ 하나님을 만나다

내가 다녔던 고등학교는 미국 선교사들이 세운 미션스쿨이었다. 여느 미션스쿨들이 그렇듯 모든 학생이 일주일에 한 번 학교 예배에 참석해야 했고 성경 수업을 필수과목으로 이수해야 했다. 그 속에서 나는 자연스럽게 성경을 접하고 교회도 다니며 10대를 보냈다. 그러나 믿음이 있어서라기보다는 교회가 편하고 친구들과 어울리는 게 재미있어서라는 이유가 컸던 것 같다. 그마저도 고등학교를 졸업하고 나서는 나가지 않게 되었다.

예수님을 만나는 회심을 하게 된 것은 군대에서였다. 내무반의 경직된 분위기를 잠시라도 피해 보자는 마음으로 교회에 출석하기 시작했지만, 그때까지도 어떤 신앙의 변화는 없었다. 그러던 어느 날 '성경을 읽어야 한다.'라는 군대 목사님의 설교가 그날따라 마음에 남아 내무반에 돌아와서도, 다음날도, 또 그다음 날에도 마음에서 떠나질 않았다.

무작정 성경책을 집어 들고는 어디서부터 읽어야 할지도 몰라 그냥 창세기 1장부터 쭉 읽어 내려가기 시작했다. 천지창조와 인간 타락에 관한 한 구절 한 구절들이 마치 단검처럼 날아와 꽂히면서 마음이 뜨거워지기 시작했다. 마치 그 에덴동산에, 유프라테스강 강가에, 선악과나무 아래 내가 서 있는 것처럼 모든 장면이 눈앞에 슬

라이드처럼 펼쳐졌다.

  수송부에서 배차를 담당했던 내 보직 덕분에 성경을 읽을 시간이 많았던 나는 일주일간 성경을 읽으며 눈물을 흘리고 회개하며 출애굽기까지 읽어 나갔다. 그동안 지식으로만, 내 머릿속에 그저 존재만 하고 계시던 창조주 하나님이 내 몸과 영혼을 완전히 덮으시는 회심을 경험하였다.

  이후로 나의 신앙생활은 180도 달라졌다. 군인들에게 잠이란 얼마나 중요한가. 그 잠을 내팽개치고 새벽 예배에 나가기 시작했다. 주변 사람들에게 복음을 전하고 다녔다. 병사들이 교회 담벼락에서 담배를 피우다 버리고 가는 게 속상해서 담배꽁초를 일일이 주워 담았다. 초소 근무를 서는 병사들에게 커피와 초코파이를 가져다주며 위로하고 교회에 나오라고 권유하기도 했다. 목사님의 설교를 들을 때면 그 한마디 한마디가 그냥 땅에 떨어지는 법이 없었다. 모두 내 몸과 마음에 깊이 박혀 나를 움직였다. 그 말씀 중에는 '모세와 같은 영적 지도자가 되기 위해 기도하라'라는 말씀을 들은 그날, 그게 구체적으로 뭘 하라는 뜻인지는 모르겠지만 나는 그 후 매일 새벽에 그 제목을 놓고 기도하고 있었다.

> 모세가 항상 장막을 취하여 진 밖에 쳐서 진과 멀리 떠나게 하고 회막이라 이름하니 여호와를 앙모하는 자는 다 진 바깥 회막으로 나아가며 모세가 회막으로 나아갈 때에는 백성이 다 일어나 자기 장막 문에 서서 모세가 회막에 들어가기까지 바라보며 모세가 회막에 들어갈 때에 구름 기둥이 내려 회막 문에 서며 여호와께서 모세와 말씀하시니 모든 백성이 회막 문에 구름 기둥이 서 있는 것을 보고 다 일어나 각기 장막 문에 서서 예배하며 사람이 자기의 친구와 이야기함 같이 여호와께서는 모세와 대면하여 말씀하시며 모세는 진으로 돌아오나 눈의 아들 젊은 수종자 여호수아는 회막을 떠나지 아니하니라. (출애굽기 33장 7절~11절)

♣ 확실한 부르심

　제대 후 나의 뜨거운 신앙생활은 계속 이어졌다. 새벽기도 차량 운행을 도맡아서 했고 교회에서 열리는 모든 예배와 행사에 다 참여하고 있었다. 그러면서 가끔 머리에 떠오르는 세 글자 선·교·사! "내가 선교사가 된다면? 에이 아니야. 선교사는 뭐 아무나 되나. 내가 앞으로 하고 싶은 일이 얼마나 많은데…"하고 생각을 접어도 며칠 후면 또 그 단어가 떠올랐다. 시간이 지날수록 더 자주, 더 분명하게 떠올랐다. 하나님의 부르심이라는 사실을 느낄 수 있었다. 그러나 미래에 대한 내 계획들을 포기하고 싶지 않았다. 게다가 나는 선교에 대한 막연한 두려움이 있었다. 선교는 아프리카 오지나, 이슬람권의 위험한 나라에 가서 움막집 같은 데서 현지인처럼 살면서 순교하거나 그 땅에 뼈를 묻어야 하는 것으로 생각했다.

　그 당시 내게는 선교사가 되어야 할 이유는 하나도 없고, 외면해야 할 이유만 차고 넘쳤다. 그러나 외면하면 할수록 부르심은 강해졌고 이것은 나의 내면의 평안을 조금씩 앗아가기 시작했다. 아침에 눈을 뜨면 "내가 선교사가 되어야 하는데 왜 이러고 있지?" 하는 생각부터 들어 눈을 뜨기가 싫을 정도가 되었다. 하나님 제발 나를 괴롭히지 마시고 좀 내버려 달라고 기도했다. 이러기를 1년의 세월이 지났다. 더는 버틸 힘이 없었다. 살아도 사는 것 같지 않은 삶, 이렇게 사느니 인제 그만 하나님께 순종하자 마음먹었다.

　마치 기드온처럼, 나는 하나님께 당신의 부르심에 대한 확신을 다시 한번 달라고 기도했다. 며칠을 성경을 묵상하고 기도하는 가운데 하나님께서는 내가 절대 거부할 수 없는 두 가지의 확신을 주셨다. 첫 번째는 군대에서 영적 지도자가 되게 해달라고 기도했던 것을 나조차 까맣게 잊고 있던 그 기도가 갑자기 생각나게 해주신 것이다. 두 번째는 창세기 28장 말씀이었다.

내가 너와 함께 있어 네가 어디로 가든지 너를 지키며 너를 이끌어 이 땅으로 돌아오게 할지라 내가 네게 허락한 것을 다 이루기까지 너를 떠나지 아니하리라 하신지라. (창세기 28장 15절)

♣ 선교사가 되기 위해 목사가 되다

선교사가 되겠다고 분연(奮然)히 떨치고 일어났지만, 사실 선교에 대해 아는 게 전혀 없었다. 내가 아는 것이라곤 설교 시간에, 들은 저명한 선교사들의 이야기와 교회에 비치된 기독교 잡지에서 읽은 어느 아프리카 선교사의 글이 전부였다. 그들은 모두 위험을 무릅쓰고 낯설고 가난한 나라에 가서 순교하거나 풍토병에 걸려 목숨을 잃거나 혹은 어린 자식을 병으로 잃었다. 그렇기에 나의 각오는 죽을 각오였다.

정말로 아프리카 어느 부족에게 당장이라도 날아갈 기세로 모 선교 단체에 선교사 훈련생으로 지원하려던 차에 한 칼럼을 읽게 되었다. 선교지에서는 복음을 전할 선교사도 필요하지만, 복음을 받아들인 사람들을 지속해서 돌보고 가르칠 신학적으로 준비된 선교사들이 필요하다는 내용이었다. 크게 공감이 갔다. 나는 지원서를 접어두고 신학교에 진학하여 신학대학원 목회학(M.Div) 과정을 마치고 목사가 되었다.

신학 공부를 하는 동안 내가 배우고 경험한 것들은 지금 생각해 보면 선교지에서 꼭 필요한 것들이었다. 첫째, 목회 훈련이다. 교회사역을 하면서 전도하고, 설교하고, 성경 공부를 인도하면서 자연스럽게 목회를 배워나갔다. 둘째, 하나님을 의지하는 훈련이다.

그때나 지금이나 신학생은 가난하다. 늘 부족한 중에도 하나님을 경험하고 그분을 의지하는 훈련을 했다. 셋째, 인내하고 기다리는 훈련이다. 하나님의 약속은 단번에 주어지는 것이 아니라 항상 기다리고 인내한 후에 이루어진다는 것을 이 시기에 배웠다.

> 다만 이뿐 아니라 우리가 환난 중에도 즐거워하나니 이는 환난은 인내를, 인내는 연단을, 연단은 소망을 이루는 줄 앎이로다.
> (로마서 5장 3절~4절)

나는 당장이라도 선교지로 달려갈 기세였던 나를 잡아 앉히시며 하나님은 중요한 사실 한 가지를 깨우쳐 주셨다. 선교는 죽으러 가는 것이 아니라는 것이다. 오히려 그 반대이다. 선교사가 살아야 복음을 전할 것이 아닌가. 물론 이 말이 위험한 지역이나 기독교에 적대적인 나라는 피하라는 뜻은 아니다. 어디에 가든지 그 나라의 환경과 문화에 적응해 오랫동안 예수를 전하며 살아갈 생존능력과 이질적인 타문화에 열려있는 마음의 준비가 필요하다는 뜻이다. 선교는 오랜 시간의 노력과 인내로 열매를 맺게 된다는 것을 깨닫게 하셨다.

♣ 어디로 가야 할까?

신학 공부를 하는 동안 하나님께 저를 어느 나라로 보내실 거냐고 묻고 또 물었다. 1996년에 베트남으로 단기선교를 다녀온 후로는 베트남을 마음에 두고 기도했지만 길이 열리지 않았고 마음에 확신 또한 서지 않았다. 2005년까지도 그 대답을 듣지 못하고 있다가 2006년 1월에 필리핀 일로일로에서 선교 훈련을 받게 되었다. 그때 일로일로 이곳저곳을 돌아보며 여기가 바로 내가 기도하던 그곳이라는 확신이 들기 시작했다. 후에 여러 선교사에게서 자주 듣는 바로는 선교지를 방문하면서 하나님의 부르심을 체험한 경우가 많다고 한다. 선교사가 되고자 하는 사람이 있다면 기회가 되는대로 여러 선교지를 방문하면서 하나님의 인도하심을 구해보기 바란다.

선교 훈련을 마치고 한국으로 돌아와서도 그 마음이 지속하여, 기도하는 가운데 하나님의 인도라는 강한 확신의 응답을 받고 일로일로로 떠나게 되었다.

♣ 아내의 부르심

내가 제대 후 예전에 다니던 교회에 다시 나가게 되면서 그곳에서 피아노 반주로 섬기고 있던 아내를 처음 만나게 되었다. 한참 교제하던 중 갑자기 선언하게 된 나의 부르심에 아내는 적잖이 당황

했다. 내가 선교에 대해 두려움을 가졌듯이 아내는 사모에 대한 두려움이 있었다. 교회 구석에 딸린 방 한 칸에서 어렵게 사시던 목사님의 가족들을 봐 오던 아내가 생각하는 사모란, 가난을 견디며 모든 사람에게 완벽하게 보여야 하는 자리였기에 어떤 사명이나 부르심을 받은 특별한 사람만이 되어야 한다고 생각했었다. 나를 지지해 주고 기도해 주었지만, 자신과 같이 평범한 사람이, 선교사가 될 사람과 결혼을 해도 되는 건지 고민을 많이 했던 모양이었다. 그 고민은 결혼 후에도 늘 아내를 괴롭히는 가장 큰 주제였다.

부르심이 없는 자신이 나의 앞으로의 사역에 걸림돌이 되지나 않을까 하는 생각에 아내는 눈물로 기도하는 날이 많았다. 그런 아내에게 하나님은 어느 날 참으로 명쾌한 응답을 주셨다. 하나님이 아브라함을 부르실 때 사라(Sarah)도 함께 부르심을 받았다. 하나님이 사라에게 따로 나타나 부르시지 않았지만, 아브라함의 아내로서 그녀는 열국의 어미가 되었다. 아내도 나와 결혼하여 한 가정을 이루게 됨으로써 함께 사역해나갈 선교사로 부르심을 받은 것이라는 뜻이다. 오랫동안 아내를 짓누르던 자괴감에서 아내는 드디어 해방되었다.

> 하나님이 또 아브라함에게 이르시되 네 아내 사래는 이름을 사래라 하지 말고 사라라 하라 내가 그에게 복을 주어 그가 네게 아들을 낳아 주게 하며 내가 그에게 복을 주어 그를 여러 민족의 어머니가 되게 하리니 민족의 여러 왕이 그에게서 나리라.

God also said to Abraham, "As for Sarai your wife, you are no longer to call her Sarai; her name will be Sarah. I will bless her and will surely give you a son by her. I will bless her so that she will be the mother of nations; kings of peoples will come from her."(창세기 17장 15절~16절, NIV)

♣ 일로일로에 도착하다

2006년 9월 6일, 아내와 이제 갓 두 돌 지난 첫째 딸아이를 안고 필리핀행 비행기에 올랐다. 마닐라에서 밤새워 비행기를 갈아타고 남쪽으로 한 시간을 더 가야 하는 일로일로(ILOILO)라는 곳이었다. 일로일로는 필리핀의 중서부 지역에 있는 파나이(Panay)섬의 중심 도시이다. 도시의 인구는 약 45만, 인근의 같은 경제권 지방들의 인구까지 합치면 약 100만 명 정도가 된다. 일로일로라는 이름은 초기 정착민이 살았던 강 주변의 모양이 코(이롱, Irong)와 닮았다고 해서 코코(이롱이롱)라고 부른 것이 유래가 되었다고 한다.

우리는 하숙집에 며칠간 지내면서 집을 구하고 가전제품을 알아보러 다녔다. 마치 잠시 여행 온 가족처럼 아이와 함께 시내 곳곳을 돌아다니며 구경도 하고 즐겁게 지냈다. 일로일로 시내는 항구와 붙어 있다. 19세기에 사탕수수 재배로 설탕 산업이 일어나며 이를 수출하기 위한 항구가 발달했다. 시내는 중국 상인이 주인인 상점이 대부분이고 시내 한복판에는 중국인 학교도 두 개나 세워져 있었다. 19세기 이전에 지어졌을 법한 우아한 스페인식 건물들도 남아 있고 상당수가 지어진 지 몇십 년은 지난 상가 건물이었다. 시내가 썩 깨끗하다고는 할 수 없지만, 물가도 싸고 사람들도 친절하고 과일도 맛있고……. 이런 곳에서라면 별 어려움 없이 지낼 수 있을 것 같다고 아내가 좋아했다.

드디어 월세 22만 원의 저렴한 가격에 마당과 주차 공간도 있는 방 세 개짜리 집을 구해 들어갈 수 있었다. 그러나 이 집이 왜 이렇게 싼지 이유를 알게 되는 데는 채 하루가 걸리지 않았다. 저녁이 되자 엄청난 굉음을 내며 머리 위로 날아가는 비행기와 항공기 바퀴(Landing Gear)가 올라가는 것까지 보일 정도로 가깝게 이륙하는 비행기였다. 이 집은 공항 바로 옆, 활주로가 끝나는 지점에 있었다. 공항과 가깝다는 사실을 알고는 있었지만, 이 정도로 가까운 줄은 정말 몰랐다.

이른 새벽부터 밤까지 뜨고 내리는 비행기들이 잊을만하면 한 대씩 머리 위를 지나갔다. 나는 비행기 소음과 집을 잘못 구했다는 자괴감에 그만 불면증에 걸리고 말았고, 아내 또한 비행기들을 볼 때마다 한국에서 멀리 떠나

왔다는 고립감에 빠져 '나는 언제쯤 저 비행기를 타고 한국으로 다시 돌아갈 수 있을까?' 하며 울었다는 얘기를 나중에야 듣게 되었다. 그러나 "그렇게 뒤로 물러나 침윤에 빠져 있으라고 하나님이 우리를 여기까지 보내셨을까" 하는 생각을 바로잡고 나는 사역을 위해 백방으로 다니느라, 아내는 새로운 환경에서 나와 아이의 안위에 집중하며 살림하느라 어느샌가 우리는 아침에 비행기가 내렸는지도 모를 정도로 숙면을 하고 일어난 우리의 모습을 발견하게 되었다.

일로일로에 도착한 후 가장 먼저 한 일은 언어를 배우고 현지 문화에 적응하는 일이었다. 필리핀은 7,000개가 넘는 섬으로 이루어진 열도라서 쓰이는 언어가 아주 많다. 우선 필리핀 국어인 따갈로그와 영어를 공용어로 쓰고, 섬마다 언어가 다 달라서 20가지가 넘는 주요 방언들이 각 지방어로 쓰이고 있으며 이들 언어는 서로 알아들을 수 없을 정도로 차이가 크다.

그래서 필리핀 사람들은 따갈 로그, 영어, 그리고 자기 지방 언어 2가지 정도를 해서 기본 서너 가지의 다른 언어를 구사할 수 있는 다국어 가능자들이다. 한마디로 언어 능력자들이다. 그래서 해외 어느 나라에 가도 언어를 빨리 배운다고 한다. 이곳 일로일로의 언어는 도시 지역에서 쓰는 '일롱고'와 산간 지역에서 쓰는 '끼라이아'이다. 필리핀 대부분의 지방어가 그렇듯이 일롱고 또한 문자나 문법, 책이 없다. 그냥 발음 나는 대로 영어 알파벳으로 적으니 정해진 맞춤법도 없고 같은 단어도 사람마다 쓰는 맞춤법이 다르다. 우리는 가정교사(tutor)를 통해 영어 문장을 일롱고로 말하는 연습을 해나갔다.

첫째 딸 연제도 이곳에서의 생활에 적응해야 했다. 낯가림이 유독 심한 아이를 어린이집에 보내놨더니 거의 한 달을 울어서 마음이 너무 아팠다. 사역 초창기에는 이곳저곳 전도와 성경 공부를 다녀야 했기에 연제를 맡겨둘 곳이 없어(이곳의 어린이집은 오전반, 오후반으로 약 3시간 정도만 운영하고 종일반이 없다) 항상 은박 돗자리를 하나 준비해서 연제가 잠들면 흙바닥에, 시멘트 바닥에 돗자리를 깔고 뉘었다. 한국에 있었으면 겪지 않아도 될 일들을 많이 겪게 해서 그저 미안하기만 했지만, 지금은 고등학교까지 무사히 마치고 현재 한국에서 대학에 다니고 있다.

이곳에 도착하여 2년이 지난 후 둘째를 가지게 되었다. 둘째 출산을 위해 한국으로 가야 하지 않겠냐는 내게 아내는 이렇게 말했다. "내가 여기서 아이를 낳으면 교인들에게 우리가 이 나라와 사람들을 얼마나 믿고 좋아하고 함께 하기를 원하는지 보여줄 수 있고 친근하게 다가갈 수 있잖아요."

아내의 이런 결정은 우리 교인들뿐만 아니라 그 이후로 만나는 사람마다 잡담할 거리가 되어 사람들의 마음 문을 여는 데 큰 역할을 했다. 아내가 여기서 아이를 낳았다고 하면 심드렁하던 사람들의 얼굴이 "아, 그래요?" 하며 눈을 동그랗게 뜨고 미소를 함빡 지으며 고개를 크게 끄덕이곤 한다.

준하를 하나님의 은혜로 순산을 했지만 여러 가지 어려움이 줄줄이 아내를 기다리고 있었다. 출산한 다음 날 아침 식사로 나온 것은 마요네즈만 바른 식빵 두 쪽과 오렌지주스였다. 따뜻한 음식이 나올 거란 기대 따위는 하지 않았지만, 이 정도로 부실할 줄은 몰랐다. 그다음 끼니는 맨밥에 통조림 생선이 나왔다. 퇴원하고 나서도 아내는 산후조리를 제대로 하지 못했다. 집에 있던 침대의 매트리스가 영 부실해서 혹시 허리에 안 좋은 영향을 줄까 봐서 차가운 타일 바닥에 스펀지 한 장만 깔고 잤다. 아내가 가장 힘들어했던 것은 음식이었다. 어느 날 아내가 울며 말했다. "우리 엄마가 해

주시는 밥 한 끼만 먹어보고 싶어요... ..." 이렇게 낳은 둘째 아들 준하는 중간에 한 번 큰 시련이 있었지만, 지금껏 잘 자라서 어느덧 고등학생이 되었다.

♣ 교회를 세우기로 하다

우리 사역의 궁극적인 목적은 "복음을 전하고 사람들을 예수님의 제자로 삼는 일을 구체적으로 어떤 방법을 통해 이룰 것인가, 어떻게 하면 사람들에게 다가갈 수 있을까"하는 생각으로 가득 차 있었다. 더구나 말도 잘 통하지 않는 외국인들에게 말이다. 그런데 기도를 하면 할수록 교회를 개척하라는 감동이 강하게 들었다. 당시 아는 사람도 별로 없고 교회를 세울 돈도 없었는데 이상하게 두렵지 않았다.

지금 생각해 보면 무슨 자신감으로 그렇게 무모한 일을 결정했는지 알다가도 모를 일이지만 나는 이미 교회를 개척할 지역을 찾아다니고 있었다. 일로일로에 도착한 지 1년 2개월이 지난 시점이었다. 두려움은 상실한 채로 당장 눈에 보이는 것도 손에 들고 있는 것도 아무것도 없이, 한마디로 겁도 없이, 새파란 선교사는 오늘도 개척 지역을 찾기 위해 일로일로 시내와 교외 지역들을 매일 낡아빠진 구형 중고차를 몰고 다녔다.

몇 주간 그렇게 다녔지만, "마음에 딱 맞은 곳이다" 하는 지역을 찾지 못하고 있던 어느 날, 평소 가깝게 지내던 한 현지인과 교회 개척에 대한 내 생각과 계획을 나누게 되었다. 메리 제인이라는 이 자매는 훗날 우리 교회의 첫 번째 장로로 안수를 받게 되는데 우리의 선교사역에 있어 빼놓을 수 없는 중요한 인물이다.

첫 번째 교회 개척은 2008년 12월, 메리 제인과 두 명의 현지인이 우리 집에 함께 모여 교회 개척을 위한 기도회를 했다. 우리 사역을 향한 첫걸음을 뗀 역사적인 날이다. 기도 모임을 하면서 계속해서 교회 장소를 알아보러 다녔다. 임대 나온 건물 여러 곳을 다녔지만, 임대료가 비싸거나, 교회를 한다고 하면 임대할 수 없다고 하는 일이 반복되었다. 그러던 중 시내 중심에 비싸지 않은 가격에 임대로 나온 장소가 있다는 연락을 받았다. 중심가는 임대료가 비쌀 것이라는 내 인간적인 고정관념 때문에 그쪽은 알아보지도 않았다. 반신반의하며 보러 간 그곳은 교통이 좋고 크기도 적당한데 임대료도 생각보다 비싸지 않은 곳이었다. 그러나 여전히 우리에게는 부담이 되는 가격이라 협상을 위해 주인을 만났다.

일로일로 곳곳에 건물과 땅들을 소유하고 있는 주인은 중국계 필리핀인으로 불신자였으나 교회에 대한 특별한 반감은 없어 보였다. 우리는 주인에게 돈을 벌기 위한 장소가 아니라 하나님을 예배하기 위한 장소로 쓰려고 한다는 점을 강조하며, 예산이 부족하니 임대료를 조금만 낮춰줄 수 없겠는지 물었다. 주인은 잠시 고민하는 듯하더니 흔쾌히 우리의 제안을 받아들여 주었다. 이곳의 상가 건물들은 매년 임대료의 5% 정도를 인상하는데 이 주인은 그 후로도 수년 동안 임대료를 올리지 않았다. 하나님은 우리를 위해서 항상 좋은 것을 예비하고 계신다. 그것도 우리가 예상하지 못하는 방법으로 당장 눈앞에 그것이 보이지 않더라도 기도하며 계속해서 두드리고 찾을 때 하나님은 보여주신다. 찾고 찾는 자가 만나게 될 것이다. 이렇게 우리의 첫 교회는 우리가 처음 이 땅에 도착한 지 2년이 지난 2009년 1월에 일로일로 '크리스천 선교교회'라는 이름으로 시작되었다.

> 일을 행하시는 여호와, 그것을 만들며 성취하시는 여호와, 그의 이름을 여호와라 하는 이가 이와 같이 이르시도다 너는 내게 부르짖으라 내가 네게 응답하겠고 네가 알지 못하는 크고 은밀한 일을 네게 보이리라
> "This is what the LORD says, he who made the earth, the LORD who formed it and established it-the LORD is his name: `Call to me and I will answer you and tell you great and unsearchable things you do not know.'(예레미야 33장 2절~3절, NIV)

처음 선교를 떠날 당시에는 모금한 선교비가 딱 우리 가족의 생활비 정도만 충당할 정도였다. 그러니 교회를 운영할 상가 임대료, 음향시설비 및 매달 들어가는 공과금과 예배에 쓰이는 물품비와 식비 같은 운영비는 지금 생각해도 그 돈이 다 어디서 나왔는지 참 신기하면서도 감사하다. 하나님은 모든 계획을 처음부터 짠하고 "자, 이렇게 이렇게 하라."고 하거나 "필요한 것들은 여기 다 있다."라고 한꺼번에 다 채워주시지는 않는 것 같다. 내가 알고 있는

하나님은 적어도 그런 식으로 일하는 분이 아니다. 하나님의 인도를 구하면서 기도하고, 기도하는 가운데 마음에 확신이 들어서 하나하나 순종해 나갈 때 그다음 것을 보여주셨고 필요한 것을 딱 그만큼만 채워주셨다. 그 하나님을 믿었기에 나는 한 치의 망설임도 없이 임대 계약서에 사인했다.

♣ 하나님이 예비하신 장소

"하나님이 우리에게 정말로 딱 알맞은 장소를 예비해 주셨다"라는 사실은 교회를 개척하고 나서 더 분명히 알게 되었다. 우리 교회는 '로빈슨'(Robinson)이라는 큰 쇼핑몰과 일로일로에서 가장 큰 재래시장 근처의 교차로에 자리 잡고 있었다. 일로일로 전역에서 시내로 들어오는 서민들의 교통수단인 지프니(Jeepney)들이 교회 앞으로, 혹은 교회에서 멀지 않은 길로 다녔다. 웬만한 곳에서는 지프니를 갈아탈 필요 없이 한 번에 우리 교회까지 올 수 있었다. 지프니를 한 번만 타도된다는 사실은 가난한 사람들에게는 굉장히 중요한 점이다.

2008년 당시 지프니 요금은 한국 돈으로 140원으로 우리가 생각하기엔 터무니없이 싼 금액이지만 필리핀의 가난한 사람들에게는 부담이 된다. 140원이 없어서 교회에 못 오는 사람들도 많다고 하면 믿어질까. 이것이 나중에 교인들이 이웃을 전도하고 교회로 데려오는 데 큰 도움이 되었다.

♣ 찬양의 능력

중심가의 이러한 장점과 함께 치명적인 단점도 물론 있었다. 교회 옆과 맞은편에는 작은 상가들이 줄지어 들어서 있어서 늘 지나다니는 행인들로 북적였고, 오가는 차들의 경적과 엔진 소리로 시끄러웠다. 다행히 주일 오전에는 차가 많지 않아 예배드리는 데 지장이 없었지만, 수요일과 금요일 저녁 기도회 때는 교통 소음으로 예배에 방해가 많았다. 동남아 국가에 여행을 가본 사람들은 알겠지만, 이들은 경적을 무척 자주 울린다. 승객을 호객할 때도, 비키라고 할 때도 너도나도 경적을 울려댄다. 오래된 건물이라 방음이 전혀 되지 않았던 우리 교회에 이 소음들은 적잖은 문제였다. 그런데 이 문제조차 하나님은 우리의 무기로 바꾸어 주셨다.

필리핀 사람들은 음악을 참 좋아한다. 어디에 가든 음악을 아주 크게 틀어 놓고 일하기를 좋아하고, 생일파티에는 밤새도록 동네가 떠나가라 음악을 틀고 노래방 기계로 노래를 불러 젖혀도 불평

을 하거나 민원을 제기하는 이웃은 아무도 없다. 그러니 우리 교회가 부르는 찬양 소리에 불평하는 사람도 아무도 없었다. 우리 교회 찬양팀은 피아노 반주를 15년 넘게 해 온 아내와 전자 기타리스트, 베이시스트와 드럼연주자를 갖춘 밴드를 구성하고 있어서 음향이 꽤 괜찮았다. 가뜩이나 방음이 안 되는 곳에서 찬양 연습을 하는 토요일이면 이 소리가 교회 인근에 울려 퍼진다.

필리핀 젊은이들은 그룹사운드에 대한 로망이 있어서 악기와 보컬에 늘 관심이 많다. 우리 교회 찬양 소리를 듣고 구경하러 올라오는 사람들이 하나둘씩 생겨나기 시작했다. 이들 중 주일예배에 참석하고 교인으로 등록하여 지금까지 교회에 출석하고 있는 사람들도 있다. 하나님은 방음이 되지 않는 우리 건물의 단점을 전도의 도구로 바꾸셨다. 창문 밖에서 아무리 소음이 들려도 그 소음보다 더 큰 소리로 하나님을 찬양하니 세상의 소음 속에 방황하던 사람들이 주께로 다시 돌아오게 되었다. 세상이 아무리 큰 소음으로 우리의 마음을 어지럽힌다고 할지라도 우리가 하나님께 집중하고 그분을 찬양한다면 그 소음을 이길 수 있게 된다.

♣ 소매치기

   교회가 중심가에 있다 보니 우리가 맞닥뜨린 또 하나의 어려운 점은 이동인구가 많다 보니 소매치기도 많다는 것이다. 처음에는 이것을 모르고 아내가 어린 딸의 손을 잡고 갓 태어난 둘째를 업고 교회에 오다가 세 번이나 핸드폰과 지갑을 소매치기를 당하였다. 한번은 아내가 교회에 도착하여 핸드폰을 찾는 모습을 보고 다섯 살 난 딸이 "아까 어떤 아저씨가 가져갔어"라고 말해주어 소매치기당한 사실을 알게 되기도 하였다. 그만큼 실력이 뛰어나다고 해야 하나 나중에 현지 교인들에게 들은 이야기로는 이 구역의 소매치기들은 조직에 속해있고 소매치기 훈련을 받은 전문가들이라고 한다. 그 이후로 어째 요즘은 소매치기들이 안 보인다고 교인들에게 물어보니 교인 중 한 형제가 소매치기 조직에 접근하여 우리 선교사 건드리지 말라고 경고를 했다는 것이다.

   교회의 궂은일을 늘 앞장서서 도맡아 하던 이 형제는 알고 보니 예수 믿기 전에 어둠의 세계에서 좀 놀았던 흑역사가 있었다. 우리는 늘 이들에게 예수를 전하고 사랑과 도움을 주기만 하고 있다고 생각했는데 이들도 우리를 사랑해 주고, 도와주고, 보호해 주고 있다는 사실을 이 일을 통해 알게 되었다. 현지인에게 사랑받는 선교사는 얼마나 행복한가. 우리는 하나님께 눈물의 감사를 드리지 않을 수 없었다.

♣ 한 사람을 훈련하며 뼈저리게 배운 필리핀의 문화

   하나님께서 우리에게 필리핀에 대한 참으로 많은 것을 배우게 하신 한 인물에 대해 긴 이야기를 해보고자 한다. 교회 개척을 준비하면서 처음으로 복음을 전하고 성경 공부를 함께했던 30대 초반의 벨라(가명)에 대한 이야기다. 벨라에게는 초등학생인 아들이 하나 있는데 전에 사귀던 남자 친구와의 사이에서 태어난 아이였다. 남자 쪽 부모님의 반대로 결혼을 하지 못하고 벨라가 아이를 키우게 된 것이다. 아이의 아빠나 그 부모님으로부터는 그 어떤 도움도 받지 못하고 혼자서 양육을 감당했었다.

필리핀의 사회 문제 중 하나는 미혼모와 독신 엄마(single mom)다. 필리핀은 국교가 가톨릭인 나라로 사회 전반에 가톨릭의 영향력이 막강하다. 이 가톨릭의 반대로 이혼, 낙태와 피임이 법적으로 허용되지 않는다. 그러다 보니 피임에 대한 성교육이 제대로 이루어지지 않아서 10대 청소년들의 임신과 출산이 빈번한 것은 어찌 보면 당연한 결과이다. 또 한 가지 이유는 아기의 출산에 대해 필리핀 사람들의 인식 때문이기도 하다. 필리핀 사람들은 남녀노소 누구나 아기를 좋아한다.

이들에게 아기가 태어나는 것은 상황이 어떻건 간에 그 자체로 축복이고 즐거운 일이다. 한국에서의 상황을 상상해 보자. 동네 마을 이장님댁 둘째 딸이 외지에서 돌아왔는데 결혼도 하지 않은 채로 신랑도 없이 배가 불러서 와서는 집에서 아기를 낳았다? 아마 즐거워할 사람이 거의 없을 것이다. 그러나 필리핀에서 이런 상황이라면 부모님과 동네 사람들은 아기의 출생을 다 같이 기뻐한다.

동네 이장님 둘째 딸이 아기를 데리고 마실이라도 나가면 너도나도 "cute cute baby-귀여운 아기다-!"를 연신 연발하며 아기를 안아보겠다고 난리다. 그러니 미혼모의 출산은 터부시될 이유가 없는 것이다. 그런데 이것이 사회적 문제인 이유는 이 경우 대부분 남자는 책임을 지지 않으려고 해서 여자나 여자의 부모가 양육을 떠안게 된다는 것이다. 이 부모가 딸이 하나뿐일 경우는 거의 없다고 봐도 좋다. 딸들이 낳아온 손주들을 떠맡아 키우고 그 딸들은 또 다른 남자를 만나서 또 아이를 낳고 하는 일이 반복된다.

벨라도 그렇게 남자에게 버림받고 혼자서 아들을 키우던 중 지금의 남편을 만나게 되었다고 한다. 벨라가 만난 이 두 번째 남자는 다행히도 벨라와 아들을 책임감 있게 돌봐주었다. 남자는 중동에서 근로자로 일하며 벌이가 좋았고, 매월 벨라에게 보내주는 돈은 벨라 모자뿐만 아니라 벨라의 부모님의 생활비도 충당할 만큼 넉넉한 돈이었다. 벨라의 모든 가족이 그 남자의 돈으로 생활하고 있다고 해도 과언이 아니었다.

우리는 벨라에게 복음을 전하고 그 후 몇 주간 벨라의 집을 방문해 성경 공부를 했다. 필리핀에 교회를 개척하고 처음으로 복음을 전한 사람이었기에 기도도 많이 했고 전심을 다 해 성경을 가르쳤다. 우리 교회에 정식으로 등록하고 예배며 기도회에도 꼬박꼬박 출석하며 믿음이 자라나는 것을 보이던 어느 날, 벨라의 남편의 누나라는 사람이 교회로 찾아왔다. 그녀에게서 들은 벨라의 가정사에 우리는 할 말을 잃었다. 벨라의 현 남편의 부인은 따로 있다는 것이다. 비록 별거 중이라고는 하나 벨라가 남편을 만날 당시에도 지금도 그는 법적 유부남이었다. 그걸 알고도 동거를 시작했으니 벨라는 몹시 나쁜 사람이며 첩이나 마찬가지라고 했다.

우리는 그제야 벨라가 왜 그렇게 기도 시간에 흐느껴 울었는지, 왜 믿음이 깊어질수록 얼굴은 어두워졌는지 이유를 알 수 있었다. 하나님의 말씀을 배우면 배울수록 자신의 동거생활이 하나님이 기뻐하지 않는 삶이라는 사실, 경제적으로 안정적인 생활 때문에 애써 모른 척하려 했던 그 부끄러움을 성령께서는 만지기 시작했다.

사실 필리핀에서 벨라와 같은 상황은 드문 일도 아니다. 필리핀은 법적으로 이혼이 허용되지 않는다. 부부가 법적으로 헤어지는 방법은 혼인 무효(nullity), 혼인 취소(annulment), 법적 별거(legal separation), 이 세 가지 방법뿐인데, 모두 법정 절차를 거쳐야 하며 거액의 비용이 들기 때문에 부자들에게나 가능한 일이다. 그래서 일반 서민들이 이혼을 위해 택할 수 있는 길은 그저 별거뿐이다.

한국에서는 법적으로 이혼남 이혼녀들이 재혼하는 것은 문제가 되지 않는다. 이곳에서는 별거 중에 있는 유부 남녀들도 새로운 만남으로 새 가정을 꾸리기도 하지만 법적으로는 전 남편, 전 부인과 부부 관계로 남아 있게 된다. 사회적으로 손가락질 받을 일은 아니지만(그렇다고 자랑거리는 아니다), 교회 안에서는 얘기가 달라진다.

벨라는 이 남자와의 관계를 정리해야 한다는 생각이 확고해지기 시작했다. 그런데 이 남자를 놓아버리면 아들의 양육과 부모님 부양까지 놓아야만 한다. 우리는 벨라에게 직장을 알아보는 게 어떻겠냐고 조심스레 조언했다. 벨라도 공감하고 이곳저곳 일자리를 알아보았지만, 가족을 부양할 만한 월급을 주는 곳은 찾을 수 없었다. 그렇게 벨라를 돕는 사이 교인들 사이에서 벨라를 비난하며 교회에서 내보내야 한다는 목소리가 나오기 시작했다. 나중에 알게 된 사실은 필리핀 사람들은 질투가 심하여 무리 중 한 사람이 지도자의 지나친 사랑과 신임을 받는 꼴을 못 본다는 것이다.

우리는 벨라가 말씀과 성령으로 변화되고 있다는 사실에 의심의 여지가 없었기에 그녀를 내보낼 생각은 전혀 없었다. 우리의 이런 태도에 몇몇 교인

들은 우리가 벨라를 편애한다고 생각하고 이상한 뜬소문을 만들어 내기 시작했다. 정말 곤란한 상황이었다. 우리는 교인들의 태도를 이해할 수가 없었다. 그들 또한 과거에 그런 경험이 없진 않으리라. 교인 중에는 자녀의 성이 제각각인 사람도 있었다. 이 남자에게서 아이를 낳고 헤어져서 또 다른 남자와 아이를 낳고 헤어지고를 반복하여 생긴 결과이다. 제 눈의 들보는 보지 못하고 남의 눈의 티끌을 빼라고 하는 격이 아닌가. 그러나 들보든 티끌이든 다 하나님이 내게 붙여 주신 영혼들이다. 이들을 모두 내 품에 품어 가야지 별수가 있겠는가.

먼저 목회자로서 나의 신념을 교회 리더들에게 피력했다. 어떠한 죄인이라 할지라도 권유와 기도 없이 교회에서 내보내는 일은 없을 것이다. 하나님께 나아온 사람을 인간인 우리가 쫓아 보낼 수는 없지 않은가. 그러나 그가 분명한 회개와 돌이킴을 보일 때까지는 직분을 주거나 회중들 앞에는 세우지 않겠다고 말했다. 내가 이런 기준을 세운 데에는 벨라가 찬양팀에 들어오고 싶어 한다는 사실 외에도 동성애자에 대한 교인들의 질문에도 답을 해주어야 할 필요가 있었기 때문이었다.

필리핀에는 게이(gay)나 레즈비언(lesbian)이 많다. 어느 모임을 가더라도, 길을 걷다가도 여장 남자나 남장 여자들을 보는 것이 어렵지 않다. 내가 카페에 앉아 있으면 추파를 던지는 게이들도 있었고, 아내가 어디 가면 전화번호를 물어보는 레즈비언들도 있었다. 이러니 교인들은 우리 교회에도 그런 사람들이 오게 될 텐데 그럴 땐 어떻게 해야 하는지 나의 의견과 성경적 가르침을 알고 싶어 했다.

이후에 벨라는 말씀과 현실 사이를 갈등하며 신앙생활을 하다가 멀리 이사를 하면서 다른 교회로 출석하게 되었다. 우리는 벨라가 예수님을 믿고 진정으로 거듭났다는 사실을 의심하지 않는다. 다만 예수님께 나아왔던 부자 청년처럼 예수님을 사랑하는 마음과 물질을 놓지 못하는 마음 사이에 심히 근심했다.

♣ 초롱초롱한 눈망울의 100명의 아이들

첫 번째 교회를 개척한 지 1년 정도가 지난 어느 날, 우리 교회에 출석하고 있던 형제 '엘리손'이 자기 자녀들이 다니는 초등학교에 가정형편이 어려워 점심을 거르는 아이들이 많다는 이야기를 들려주었다. 필리핀은 인구의 18% 정도가 절대적 빈곤계층이다. 하루에 미화 1달러 정도의 돈으로 살아가고 있는 사람이 전체 인구의 18%라는 뜻이다. 차를 타고 지나가다 보면 길거리에서 구걸하는 아이들을 흔하게 볼 수 있다. 엘리손의 이야기를 들은 후 그 아이들에게 점심을 먹일 수 있으면 얼마나 좋을까 하는 생각이 머리를 떠나지 않았다.

우리의 재정으로는 급식을 두세 번 정도밖에 할 수 없는 형편이었지만 하나님이 주신 생각이라면 길을 열어 주시리라 믿었다. 교회 여성도님 몇 분과 함께 100인분의 점심을 준비하여 깍방(Cagbang) 초등학교로 향했다. 눈망울이 초롱초롱한 아이들 100명이 정말 세상 다 가진 표정으로 음식을 먹고는 수줍게 다가와 '땡큐' 한마디 외치고 잽싸게 도망가곤 했다.

그날 아침도 못 먹고 온 아이들도 많다는 말을 들었을 때 우리는 이 사역을 지속해야겠다고 결심했다. 돌아오는 차 안에서 아이들의 얼굴들을 떠올리며 "하나님, 저 이 사역 계속할 겁니다. 하나님이 안 도와주시면 못 해요. 꼭 도와주세요."하고 하나님께 졸랐다. 그 후로 2년 동안 깍방 초등학교에서 매주 100명의 아이에게 점심을 먹였고, 시내의 한 초등학교에서, 그리고 또 다른 빈민 지역으로 장소를 옮기면서 지금까지 이 급식 사역을 이어오고 있다.

♣ 학부모를 전도하다

필리핀의 초등학교 점심시간에는 많은 경우 엄마가 아이의 도시락을 가져오거나 집으로 데려가서 점심을 먹여서 다시 학교에 보낸다. 가난한 엄마들은 일자리가 없으니 가능한 일이고 부자 엄마들은 일할 필요가 없으니 가능한 일이다. 깍방 초등학교 급식 시간에도 많은 엄마가 지켜보고 있었고 그중 몇몇 엄마들은 배식과 설거지를 도와주었다.

땅끝 거인 3. 필리핀 일로일로(ILOILO) 오세요

그런 엄마 중 몇 명이 우리 교회에 관심을 보였다. 이분들을 교회로 인도하기 위한 프로그램으로 아이들을 위한 성경학교와 학부모를 위한 워크숍을 사흘에 걸쳐 열면서 학부모들에게 경제적 자립을 주제로 강의하고 복음을 함께 전하였다.

놀랍게도 몇몇 학부모가 이 프로그램을 통해 예수님을 영접하였다. 이분들과 함께 자연스럽게 성경공부반이 조직되었고, 초등학교 인근에 비어있던 가정집을 빌려서 우리의 두 번째 개척 교회인 오톤(Oton) 교회가 시작되었다. 급식을 시작하여 교회가 개척되는 순간이었다.

당시 우리 교회에는 알렉스라는 이름의 한 목사님이 출석하고 있었는데, 이분은 오래전에 교회를 개척했다가 여러 가지 어려움으로 목회를 그만두고 이발소를 운영하며 7남매를 키우고 있었다. 가족을 부양해야 하는 현실의 벽에 가로막혀 목회하지 않고 있었지만, 사역에 대한 소망을 늘 품고 있던 분이었다. 오톤 교회는 이 알렉스 목사님이 기쁨으로 맡아주었다.

이후 오톤 교회는 조금씩 성장하더니 이제는 가정집에서는 더는 예배를 드릴 수 없게 되어 우선 인근에 땅을 10년 계약으로 임대해서 목재와 합판으로 임시 예배당을 짓기로 했다. 수박밭 일부였던 이 땅은 지대가 낮아서 비가 오면 물에 잠긴다고 하여 우리는 직접 흙을 퍼 날라 지대를 높였다. 오톤 교회의 교인들도 다들 자기 일처럼 나와서 손을 보태주어 건축이 잘 마무리되었다.

♣ 은혜로운 예수교회(Gracious Jesus Church)

2019년, 어느새 10년 계약이 만기 되어 이전을 고민하는 사이 코로나 팬데믹이 터졌다. 한 달 동안 일로일로 도시 전체가 봉쇄에 들어갔다. 슈퍼마켓 몇 군데와 몇몇 약국 외에 모든 상점은 문을 닫았고, 각 가정에서 정해진 한 사람 외에는 집 밖으로 나가지도 못했다. 이런 시기에 어디로 가야 한단 말인가. 그런데 2020년 그 해 5월, 우리가 속해있던 기아대책(Korea Food for the Hungry International (KFHI))에서 '후원자 한 분이 선교지에 교회 건축을 하기 원한다.'는 연락을 받았다. 그분은 될 수 있는 대로 올해 안에 건축을 끝내주기를 바란다고 했다. 올해 안이라…… 생각이 복잡해 졌다.

당시 팬데믹으로 건축자재를 조달하기도 어려웠거니와 더욱이 땅을 사서 명의를 이전하고 건축 허가를 받는 데 필요한 프로세스가 당시 하루 몇 시간만 문을 열던 시청에서 순조롭게 될 리가 없었다. 사실 평상시의 시청이라 하더라도 최소 6개월은 걸리는 일이다. 올해 안은 고사하고 몇 년 후에나 될까 말까 하는 이런 상황에서 우리가 택할 수 있는 제일 나은 방법은 기존의 건물을 사들여 예배당으로 부분 수리(renovation)하는 방법밖에 없었다.

건물을 알아보러 다니는 과정에서도 알렉스 목사님과 우리의 의견 차이가 있었다. 알렉스 목사님은 마침 매물로 나온 엘리슨 형제의 집 맞은편의 주택을 고집했다. 우리는 주택가의 그 집은 소음도 그렇고 주차할 공간도 마당도 전혀 없어서 곤란하지 않겠냐는 입장이었지만 알렉스 목사님은 그 집을 무척 마음에 들어 했다. 결국, 그해 12월에 리노베이션(수리) 공사를 마치고 Gracious Jesus Church(은혜로운 예수 교회)라는 새로운 이름으로 첫 예배를 드렸다. 협소한 공간에서 불편하지는 않을까, 이웃들의 항의가 빗발치지는 않을까 하는 우리의 우려는 보기 좋게 빗나갔다. 새 교회로 옮긴 뒤 교회는 급격하게 성장하기 시작하여 주일이면 발 디딜 틈도 없이 교인들로 가득 찼다.

알렉스 목사님은 예전의 그 **빼빼** 마르고 키 작은, 누가 봐도 안쓰럽기 그지없는 시골 농부 같던 몰골은 어디로 가고 신수가 몰라보게 훤해지기 시작하더니 여기저기 주례로 초빙받기도 하고 강의도 나가기 시작했다. 이래서 목사님이 그 집을 그렇게 고집했구나, 외국인인 우리가 보지 못하는 장점을 볼 줄 아는 눈이 있구나, 다 계획이 있었구나 싶었다. 이렇게 우리는 한 사람의 진정한 현지인 리더십이 성공적으로 세워지는 광경을 목격하게 되었다.

선교사의 역할은 현지인 한 사람 한 사람을 보듬고 돌보는 것뿐만 아니라 현지인에게 지도력을 이양하고 이들이 선교사의 도움 없이도 자립할 수 있도록 돕는 것도 중요하다. 이 귀한 열매가 선교사로서는 가장 어려운 팬데믹 시기에 가장 귀한 열매를 맺어졌다는 것은 나의 힘으로 된 것이 아니라 하나님께서 다 하셨다는 뜻이다.

　은혜로운 예수 교회의 개척은 처음부터 개척을 계획하고 준비해서 시작된 것이 아니다. 하나님의 인도를 따라 초등학교에서 급식 사역을 시작했고 이것이 자연스럽게 교회 개척으로 이어지게 된 것이다. 이후 파비아와 소호톤이라는 지역에서 2개의 교회를 더 개척할 때도 역시 계획에 의해서가 아닌 하나님이 연결해 주시는 만남과 사건들을 통하여 복음을 전하게 되고 자연스럽게 교회 개척으로 이어졌다. 우리의 계획도 중요하지만, 선교지에서는 하나님께서 인도하시는 신호에 우리의 안테나 주파수를 항상 맞춰 두는 게 중요하다.

♣ 욕심이 죄를 낳고, 분열과 새로운 시작

　우리의 첫 번째 위기는 믿었던 현지 동역자에게서 왔다. 우리가 첫 번째로 개척한 일로일로 '크리스천 선교교회'는 전도를 통해 빠르게 성장하여 3년 차에는 주일예배에 80여 명이 모일 정도가 되었다. 동역하던 현지 사역자가 욕심을 품기 시작한 것도 이때쯤이었다. 이 목사님은 우리를 쫓아내고 교회를 차지하기 위해 우리의 약점을 찾아내는 데 혈안이 되어 우리가 외국인으로서 혹시 불법을 저지르지는 않았는지 이 잡듯 뒤지고 다녔지만, 아무것도 찾지 못하자 나에 대한 나쁜 소문들을 만들어 퍼트리기 시작했다. 내가 교회 헌금을 개인적으로 쓰고 있고, 현지인들을 도와주라고 한국에서 보내준 후원금들을 중간에서 가로채고 있다는 것이다.

　필리핀에서 교인들이 교회를 떠나고 교회가 분열되는 경우 중요한 원인 중 하나는 목회자의 재정 비리 때문이다. 주일예배를 마치면 그날 들어온 헌금을 기록도 하지 않고 목회자가 가져다 쓰는 교회가 태반이다. 우리 교회 교인 중 한 분은 전에 다니던 교회 목사가 교인의 돈을 빌려서 금광 개발에 투자했다가 실패하는 바람에 크게 상처를 입고 교회를 떠났던 분도 있다. 필리핀 사람들에게 가장 민감한 비리, 바로 재정 이슈를 나에게 씌운 것이다.

　"재정 비리라……" 당시 우리 교회 재정의 절반 이상이 내가 헌금으로 드리는 돈으로 채워지고 있었다. 그는 또한 온갖 거짓말로 나와 교인들 사이를 이간질했다. 나와 오랫동안 함께 성경 공부하며 제자 훈련을 했던 사람들은 그 소문들을 믿지 않았지만 그렇지 않은 사람 중 소문을 믿는 사람들이 생겨나기 시작하면서 이 두 부류의 사람들 사이에 갈등이 일어났다. 급기야 서로 말다툼 중에 한 사람이 총을 꺼내 들고 '너는 왜 외국인의 편을 드느냐?'며 위협하는 일까지 벌어졌다.(필리핀에서는 현지인과 외국인과의 갈등이 생기면 현지인이 잘못한 상황이라도 무조건 현지인의 편을 든다.)

나는 너무나 큰 충격을 받았다. 그동안 받은 정신적 고통과 사람에 대한 배신감이 한꺼번에 밀려오면서 더는 선교를 해나갈 힘도 의지도 다 잃어버렸다. 며칠을 방문 밖으로 나오지 못한 채 고민한 끝에 모든 것을 내려놓고 한국으로 철수하기로 했다. 그것만이 교회를 지킬 유일한 방법이었다.

주일이 되어 교인들에게 나의 결정을 발표하고 바로 교회를 떠났다. 예배 장소며 음향 설비며 아무것도 요구하지 않았다. 그래야 이 사람들이 예배를 계속 드릴 것이 아니겠는가 말이다. 집으로 돌아와서는 눈물을 흘리며 몇 주 후에 출발하는 한국행 비행기 표를 끊었다. 그렇게 집에서 칩거하고 있을 때 나와 제자 훈련을 함께한 교인 몇 명이 집으로 찾아왔다. 우리가 교회를 떠난 후 자기들도 교회를 나가지 않고 있다고 했다.

나를 쫓아내기 위해 그 목사가 퍼트린 거짓말이라는 사실을 다 아는데 어떻게 그 목사가 하는 설교를 듣고 앉아 있을 수가 있겠느냐고 했다. 그러면서 현재 자기들끼리 주일에 한 식당에 모여서 따로 예배를 드리고 있으니, 자신들을 위해 목회를 해줄 것을 간곡히 부탁했다. 나는 그들에게 미안하지만 이미 한국으로 가는 비행기 표까지 다 끊어났다고, 이렇게 와 주어 감사하다고 말하며 돌려보내려 했다. 그러자 그중 한 사람이 우리가 한국으로 돌아가면 자신은 영원히 신앙생활을 하지 않겠다는 협박 아닌 협박을 하는 것이 아닌가. 내가 한국으로 떠나버리면 이 사람들에게 또 다른 상처와 좌절감을 안겨줄 텐데 이것 또한 하나님이 기뻐하시는 일은 아닐 거라는 생각이 들었다. 일단 한국에 갔다가 한 달 후에 다시 돌아오겠다는 약속을 하고 그들과 헤어졌다.

한국으로 가는 날 우리 집까지 마중 나온 그들은 우리가 다시 돌아오지 않을까 봐 우리를 붙잡고 울었고, 우리가 한국에 있는 동안에도 그들끼리 매 주일 모여 우리를 위해 기도하며 우리를 기다렸단다. 우리도 한국에 있는 동안 기도하며 이것이 하나님의 인도하심임을 깨달았다.

한 달 후 다시 돌아가서 작은 호텔의 회의실을 빌려 그분들과 첫 예배를 드렸다. 일로일로 컴벌랜드 교회(ICPC-ILOILO Cumberland Presbyterian Church)의 시작이었다. 얼마 후 작은 사무실을 임대해서 수년간 지내다 2020년에 예배당 건물을 건축하였다.

♣ 시련은 더 큰 시련으로 찾아온다

선교지에서는 우리가 겪어보지 못한 풍토병에 항상 노출되어 있어 늘 조심해야 하지만 어디 모기가 사람을 가려서 물던가. 우리 부부는 결국 뎅기열에 걸리고 말았다. 뎅기열(Dengue fever)은 매년 필리핀에서 1,500명 정도의 목숨을 앗아가는 절대 가볍지 않은 질병이다. 우리가 뎅기에 걸렸을 때 일로일로는 뎅기가 유행하던 시기라 모든 병원에 침상이 부족하여 응급실에서 링거를 꽂은 채로 플라스틱 의자에 앉아 밤을 지새워야 했다. 40도 가까운 고열과 근육통을 견디며 말이다. 아내는 하혈을 많이 해서 수혈을 2팩이나 받아야 했다. 이때 교인 중 헌혈증을 가지고 있던 사람들이 아내를 위해 기꺼이 내주어 아내가 무사히 수혈을 받을 수 있었다. 그때부터 아내는 "내 몸에는 필리핀 사람의 피가 흐르고 있으니 필리핀 혼혈이죠"라고 농담처럼 말하고 다닌다.

선교지에서 자녀가 아플 때보다 더 힘든 순간은 없으리라. 우리가 필리핀에 도착한 지 2년 후에, 이곳에서 둘째 아들 준하가 태어났다. 준하가 3학년이던 어느 날 갑자기 고열이 나기 시작해 약을 먹였는데 해열제가 전혀 듣지 않았다. 혹시 뎅기에 걸렸나 싶어 병원으로 데려갔는데 뎅기는 아니고 홍역일 거라 하더니 그것도 아니라고 하고 의사를 몇 명이나 만나봤는데도 병명을 알아낼 수 없었다.

결국, 일로일로에서 가장 최신 종합병원으로 예약도 없이 무작정 찾아가니 당시 근무였던 중년의 소아과 의사가 일단 입원을 하라고 권유했다. (필리핀에서는 의사들이 병원에 상주하지 않고 이 병원, 저 병원을 순회하며 진료한다) 며칠 후 이 의사는 가와사키병(Kawasaki Disease)이라는 진단명을 들고 왔다. 이름도 생소한

이 병은 급성 혈관염으로 주로 한국, 중국, 일본의 영유아가 걸리는 병이라면서 본인도 평생 단 두 명밖에 보지 못했다고 했다.

필리핀에서 가와사키병을 진단할 수 있는 의사를 하나님이 이렇게 만나게 하신 것이다. "이제 병명이 나왔으니 치료만 하면 되겠구나" 했는데 이 병의 유일한 치료제인 면역 글로불린이라는 약이 일로일로 어느 병원에도 없었다. 의료진이 이 약을 찾기 위해 인근의 병원과 다른 섬의 병원까지 뒤졌지만 구할 수 없었고 결국 마닐라의 한 병원에서 이 약을 찾았다.

이미 준하의 관상동맥이 부풀어 오르기 시작해 언제 터질지 알 수 없었고 심낭에 물이 차 있는 위급한 상황에 약이 바다 건너 언제 도착할 수 있을지 장담할 수 없는 상황이었다. 약을 기다리는 동안 나는 필요한 물건들을 가지러 집에 잠시 들렀다. 며칠 동안 병원에서 동분서주하다가 아무도 없는 적막한 집에 들어서자 갑자기 준하를 잃을지도 모른다는 생각이 엄습하며 눈물이 쏟아지기 시작했다. 나는 그 자리에 주저앉아 아들을 지켜달라는 기도를 올렸다. 그렇게 한참을 기도하는데 마음속에서 하나님의 음성이 들렸다.

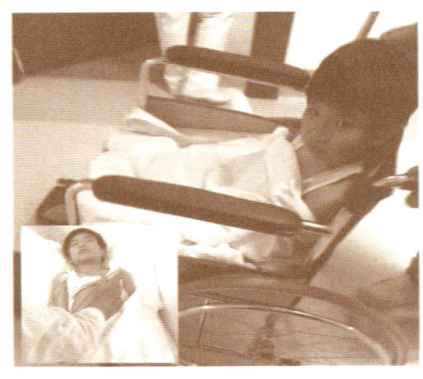

"만약에 너의 아들을 잃게 되더라도 여기서 계속 선교를 하겠느냐?" 준하를 잃은 이곳에서 계속 살 수가 있을까? 그렇게는 못 할 것 같아서 선뜻 대답하지 못하고 있는데 하나님은 또다시 같은 질문을 하셨다. 나는 솔직하게 대답했다. "그렇게 할 자신은 없지만, 주님이 원하신다면 하겠습니다." 그러고 나니 마음속에 가득 찼던 두려움이 안개가 걷히듯

사라지는 것을 느꼈다. 선교지에 오면서 모든 것을 하나님께 맡겼다고 생각했지만 내 자식들만큼은 지금껏 맡기지 못하고 있었다. 한국의 좋은 환경에서 지내지 못하고 부모를 따라 힘들고 불편한 곳에서 자라게 해서 늘 미안했고 아이들의 미래가 항상 걱정이었다. 하나님은 그것까지 당신께 맡기기를 원하셨다.

> 내주 되신 주를 참사랑하고 곧 그에게 죄를 다고합니다
> 큰 은혜를 주신 내 예수 시니 이전보다 더욱 사랑합니다
>
> 주 날사랑하사 구하시려고 저 십자가 고난 당하셨도다
> 그 가시관쓰신 내 주 뵈오니 이전보다 더욱 사랑합니다
>
> 내 평생에 힘쓸 그큰의무는 주예수의 덕을 늘 기림이시라
> 숨질때에 까지 내 할말씀은 이전보다 더욱 사랑합니다
>
> 그 영광의 나라나 들어가서 그 풍성한 은혜 늘 감사하리
> 금면류관 쓰고 나 찬송할말 이전보다 더욱 사랑합니다 [5]

일 년 같은 하루를 기도로 보내고 그다음 날에 약이 도착했고 준하는 다행히 약에 잘 반응하여 빠른 속도로 회복하고 무사히 퇴원할 수 있었다. 헉! 병원비! 한국이었다면 50만 원이면 될 것을 1,000만 원 가까운 어마어마한 병원비가 나왔다. 그러나 하나님이 어떤 분이신가. 당시 기아대책을 통해 가입해 둔 여행자 단체 보험의 한도가 1,000만 원이었다. 그 후 몇 년간 심장 초음파로 심장과 관상동맥을 추적 관찰한 결과 완치 판정을 받았다.

---

5. 찬송가 315장 '내 주 되신 주를 참사랑하고'의 가사이다. 힘들고 지칠 때마다 찬송을 부르며 힘을 얻는다.

♣ 경제적 자립을 돕다

필리핀에서 사역하다 보면 경제적으로 안타까운 경우를 많이 보게 된다. 국내에는 마땅한 제조업 기업이 없다 보니 대학을 졸업하고도 월급이 괜찮은 직장을 구하기가 어렵다. 이에 많은 인재가 해외 간호사나 근로자, 또는 가정부로 취업을 나간다. 우리가 있는 곳은 지방 도시라서 구직난이 더 심각하다. 어느 가정 하나 경제적 어려움이 없는 가정이 없는 이런 딱한 사정을 늘 보다 보니 어떻게 하면 이들이 조금이나마 가난을 벗어나도록 도움을 줄 수 있을까 고민을 하지 않을 수가 없었다. 그래서 처음 시작한 것이 소액 대출 프로그램(microloan program)이었다.

♣ 소액 대출 프로그램

필리핀은 성인 전체 인구 중 40% 정도는 은행 계좌가 없다. 하루 벌어 하루 먹고 사는 형편이라 은행에 넣어 둘 돈 자체가 없는 사람들이라고 할 수 있다. 계좌가 없거나 신용이 낮다 보니 제1금융권에서의 대출은 꿈도 꾸지 못한다. 이런 사람들을 대상으로 월 10~20% 정도의 고금리를 받는 대부업체(financing)가 많이 있다. 그중 가난

한 사람들이 주로 이용하는 것은 인도(India) 사람들이 운영하는 일수 업체들이다. 보통 한국 돈으로 10만 원에서 50만 원 정도의 소액을 고리(高利)의 선이자를 떼고 일수로 빌려준다.

필리핀 서민들이 급한 돈이 필요하거나 소규모 자금으로 할 수 있는 장사를 시작할 때 많이 이용한다. '뭄바이(Mumbai)'라고 불리는 이 인도 대부업자들은 돈을 갚지 못하면 인정사정 봐주지 않는다. 영업장에 있는 진열 상품들을 모조리 뺏어가거나, 집에 있는 물건들을 가져가 버린다. 일수 받으러 갔다가 필리핀 사람들에게 칼을 맞거나 살해당하는 뭄바이 들이 심심찮게 나오는 것도 이 때문이다. 우리는 생계를 위한 장사를 시작하거나 학비를 위해 급전이 필요한 교인들에게 소액의 자금을 저리로 빌려주는 마이크로 론 프로그램을 시작했다. 이 프로그램의 첫 번째 수혜자는 '지보이'라는 형제였다.

지보이는 다른 사람의 지프니를 빌려서 운행하면서 매일 차주에게 대여비를 내고 나머지로 주유를 하고 남는 금액을 가져가는 운전기사로 일하고 있었다. 승객이 적은 날은 이것저것 제하고 나면 손에 남는 돈은 하루 쌀값 정도밖에 되지 않았다.

우리는 지보이에게 지프니 한 대를 구입할 수 있는 금액을 3년에 걸쳐 갚는 조건으로 대출해 주었다. 이자는 인플레이션 정도만 반영하고 은행 대출 금리보다 훨씬 낮게 책정했다. 지보이는 지프니를 구입한 후로 차주에게 매일 줘야 하는 돈이 없으니 훨씬 여유가 생겼고 매월 대출을 착실하게 갚아 나갔다. 대출 상환은 약속한 3년을 훌쩍 넘겼지만 결국 다 갚아 내고 지보이는 지프니 한 대를 보유한 어엿한 차주가 되었다.

이 프로그램의 성공을 보고 나니 희망과 자신감이 생겨 서둘러 다음 계획에 들어갔다. 두 번째 사업은 생수 배달 사업(water station)이었다. 이곳은 아직 수도 시설이 보급되지 않은 곳이 많고 -우리 집도 포함됨- 수도가 나온다고 하더라도 수질이 나빠서 식수로는 쓰기 어려워 마시는 물과 요리에 쓰는 물은 모두 생수 가게에서 사 먹는다.

교회 형제 로버트에게 가게를 시작하는 자금을 마이크로 론(소액 대출 프로그램)에서 대출을 해 주고 운영은 로버트가 하면서 매월 대출을 갚아 나가며, 상환이 완료되면 가게의 소유권을 넘겨주는 조건이었다. 몇 달간의 준비를 마치고 '태초의 물, 티그리스 워터'라는 생수 가게를 개점했다.

우리가 한인 선교사님들과 교민들에게 티그리스 워터를 적극적으로 알리고 다닌 덕에 많은 분이 기존에 주문하던 가게에서 우리 쪽으로 많이 바꾸어 주었다. 몇 개월이 지나면서 드디어 손익분기점을 넘기고 자리를 잡아 가기 시작했다. 몇 년 후 로버트 역시 대출금을 모두 상환하고 소유권을 온전히 가져갔다.

다들 예상은 하지만 그 후 돈을 빌려 달라는 사람들이 줄을 잇게 된 것은 어찌 보면 당연한 결과이다. 누군가는 집을 산다고, 또 누군가는 정화조를 비운다고 마이크로 론을 이용할 수 없겠는지 물었다. 그러나 우리의 이 프로그램은 기본적으로 자립을 돕기 위함이 목적이므로 다음 두 가지의 경우에만 해당한다고 처음부터 못을 박았다.

첫째, 경제적 자립을 위한 비즈니스와 관련되어야 할 것. 둘째, 자녀의 대학 학비를 위한 것. 몇 명의 학생들이 이 혜택을 받아 급한 학비를 해결할 수 있었다. 필리핀 사람들은 자녀를 많이 낳는 편이다. 가난한 가정에서는 첫째가 대학에 들어가면 동생들은 일해서 학비를 보탠다. 그가 졸업하고 나면 얼른 취직해서 동생들의 진학을 도와야 하므로 장남과 장녀의 대학 졸업과 취업은 그 가정이 가난을 벗어날 수 있느냐 없느냐가 달린 매우 중요한 일이다. 가난을 벗어나는 근본적인 두 가지 방법인 창업과 취업에 우리의 마이크로론 프로그램을 집중했다.

♣ 교육지원 프로그램

2023년부터는 대학생뿐만이 아닌 고등학생들도 혜택을 받을 수 있는 교육지원(장학금) 프로그램을 시작했다. 시작은 우연한 계기였다. 우리 교회에서는 가난한 지역 아이들의 영적, 정서적, 신체적 발달을 돕는 어린이 개발 사역(CDP-Child Development Program)을 오랫동안 해오고 있었다. 주말마다 70여 명의 빈민가 아이들을 교회로 데려와서 성경을 가르치고 에티켓과 위생에 대한 수업도 진행하며 위생용품, 학기 시작마다 학용품, 그리고 급식을 제공하고 있다.

여느 때처럼 그날도 아이들을 태워 교회에 도착했는데 한 아이가 차에서 내리자마자 구토를 하고 쓰러졌다. 오후 3시였던 그때까지 아무것도 먹지 못한 상태에서 멀미까지 겹쳤다. 인력거를 모는 그 아이의 아버지는 온종일 열심히 일해도 그날 5남매 먹일 돈도 벌기 힘든 형편이었다. 그 5남매 중에 고등학생이 두 명이나 있었다.

원래 필리핀의 학제는 초·중·고 10년이었다. 우리나라를 포함한 대다수 나라의 12년제보다 2년이 짧았다. 그래서 대학에 가지 않는 학생들은 17~18세에 취업을 하게 된다. 그런데 수년 전 필리핀 정부가 학제를 국제기준에 맞추게 되면서 학교를 2년을 더 다녀야 졸업을 하게 되었다. 그러니 빈곤층의 교육비 부담이 얼마나 커졌겠는가. 이 아이의 형과 누나는 예전 학제 같았으면 벌써 졸업하고 돈을 벌고 있었을 것이다. 아버지의 수입은 여전한데 두 명이나 학교를 더 다녀야 하니 온 가족이 끼니마저 거르게 된 것이다.

　그날 이후 어떻게 하면 이런 가정을 도와서 배를 곯아 가며 학교에 다닐 이 학생들을 조금이라도 덜 고단하게 할까 하는 그 생각만 했던 것 같다. "그래, 장학금을 주자." 적은 돈이라도 줘서 빵이라도 하나 더 사 먹을 수 있게 하자 싶었다. 일단은 우리 교회에 출석하고 있던 빈민가의 학생 다섯 명에게 내 개인 돈으로 매월 1,000페소씩(한화 약 24,000원) 지원해 주기로 했다. 이 얘기를 우리 현지 교인에게 어쩌다 나누게 되었는데 이분이 넉넉지 않은 형편에도 본인도 두 명의 학생을 돕고 싶다고 했다. 그래서 '교육 지원 프로그램'이라는 정식 이름으로 사역을 시작하게 된 것이다. 지금은 한국에서 몇 분의 후원자가 더 동참하여 매월 17명의 고등학생, 대학생들에게 장학금을 주고 있다.

　교육 지원을 받는 학생들은 경제적 보살핌 뿐만 아니라 정서적 보살핌도 받지 못하고 자란 학생이 많다. 그래서 교인 중에 청소년 보살핌에 관심이 있는 몇 명을 상담사로 정해서 학생들의 고민을 듣고 함께 기도하며 영적, 정서적으로 보듬어주고 있다. 또한, 정기적으로 설문을 통해 학생들의 생활에 얼마나 어떻게 도움이 되었는지도 감시하고 있다. 그중 몇 학생의 답변을 실어보고자 한다. 이걸 읽고 나면 그들의 삶이 얼마나 척박한지 알 수 있을 것이다. 17명밖에 지원해 줄 수 없는 현실이 안타까울 따름이다.

빈센트 학생의 고백이다. '장학금은 저의 학업에 큰 도움이 되고 있고, 저의 부모님들의 경제적 부담을 덜어주고 있습니다. 부모님이 아무런 수입도 벌지 못한 날에는 제가 가족을 위해서 음식을 사 오기도 합니다.'

메리빅 학생의 고백이다. '저희 아버지는 일하고 있지만, 학업에 필요한 돈은 전혀 주지 못할 때가 많이 있습니다. 가끔은 제가 가족들이 먹을 음식을 사 가기도 해요. 하나님과 교회에 정말 감사함을 느끼고 있습니다.'

레이쉘 학생의 고백이다. '장학금은 저뿐만 아니라 우리 가족에게도 큰 축복인 것 같습니다. 전에는 부모님께 학교 준비물을 말씀드릴 때마다 저는 인생에 희망이 없다고 느꼈습니다. 저희 부모님의 하루 수입은 우리 가족이 먹는 음식만 겨우 살 정도였거든요. 하지만 지금은 제 삶이 축복받았다고 느끼고 있습니다. 내년이면 고등학교를 졸업하는데 올해는 학교에 내야 하는 돈을 낼 수 있게 되었습니다.'

리아 학생의 고백이다. '우리 가족은 고정된 수입이 아주 불안정한 상태입니다. 다행히 학교에 등록금은 내지 않아도 되지만 이것 저것 내야 할 비용이 많고 수업 프로젝트를 위해서 사야 할 것도 많습니다. 정말 어떻게 해야 할지 모르던 시기에 교회에서 첫 번째 장학금을 받게 되어 수업에 필요한 것들을 살 수 있었습니다. 집에 먹을 것이 없을 때는 제가 받은 돈으로 음식을 살 수도 있어서 하

나님께 정말 감사하는 마음입니다.'

선교사가 사람들을 영적으로 세워주고 돌보다 보면 그들의 어려운 삶도 눈에 띄기 마련이라 딱한 사정을 보고 나면 도와주지 않을 수가 없다. 그래서 우리는 목사라는 본업 외에도 가정 상담사로, 때로는 재정 전문가로, 때로는 밥 퍼 아저씨로, 또 때로는 음악 선생님, 요리 강사로 그들과 19년을 함께 하고 있다. 지금껏 일곱 개의 교회를 세워가며 복음을 전하고 배고픈 아이들을 먹일 수 있었던 것은 주의 크신 은혜였다. 앞으로도 어디서든 하나님이 원하시는 모습으로 원하시는 곳에 있기를 바랄 뿐이다.

'땅끝 거인' 일로일로 장원전 선교사와 카카오 친구 맺기를 통해 지속적인 기도와 후원을 할 수 있습니다. 여러분의 기도와 후원으로 아름다운 선교사역에 동역자로 동참할 수 있습니다.

사람을 살리는 노래

주 부르심 따라 예수 이름 부르며
나의 인생을 드렸네

사람들 이해 못하고 결과 어떠하든지
주만 따라가기 원했네

이제와 돌이켜보니 그저 부끄러울 뿐
모두 다 주의 은혜라

벼랑 끝에 선 나를 주의 손이 이끌어
여기까지 인도하셨네

하나님 사랑 날 떠나지 않고 끝까지 사랑하셨기에
오직 예수와 십자가만 바라보면서
나의 생명도 아낌없이 드리기 원하네

내 노래가 상한 영혼 일으켜 다시 살게 하는 노래가 되길
주 뵈올 때 착한 일꾼이라 칭찬받기 나 원하네

눈물로 복음의 씨 뿌려 기쁨의 단 거두리
한 알의 밀알처럼 죽어 다시 살리라[6]

---

6. 2009년 발매된 강명식 CCM 앨범에 수록된 곡이다. 사람을 살리는 노래이다.
   장원전 선교사가 꼽은 가장 좋아하는 찬양곡이다.

땅끝 거인 4.

에티오피아 아파르 종족과 '오뜨기' 가족 이야기

땅끝 거인 4.
에티오피아 아파르 종족과 '오뜨기' 가족 이야기

백승훈 선교사

백승훈 선교사는 2015년에 에티오피아로 파송 받아 이슬람 '아파르' 종족 선교를 위해 어린이전도 사역, 기숙사, 유치원 사역을 감당하고 있다.

♠ 에티오피아의 이모저모

에티오피아(Ethiopia)의 공용어인 암하릭(Amharic)으로 셀람(ሰላም, Selam)은 '안녕'이라는 일반적인 인사말이다. 셀람! 우리의 선교 이야기를 시작하기 전에 에티오피아에 대한 이해가 선행된다면 많은 부분에서 선교에 애정을 가지게 될 것 같다.

에티오피아에 대한 역사의 뿌리는 구약성경 창세기 10장에서 찾을 수 있다. 아담의 10대손인 노아의 둘째 아들 함의 후손들이다. 함의 후손들은 에티오피아와 이집트 등 아프리카 대륙과 중동지역으로 이주하여 세력을 확장시켜 나간다. 역사가 요세푸스는 구스가 에티오피아인의 조상이라고 한다.  아이티오피아는 '검다'라는 뜻을 의미하는데 고전 그리스어 'αἰθιοπία'국호의 유래 또한 '검은 얼굴을 가진 사람들의 땅'이라는 일반적 의미로 사용되고 있다. 역사가들이나 고전 그리스어의 공통적인 의미는 '검다'이다.

구약성경에는 창세기 바벨탑 사건에 중심에 섰던 인물로 구스의 아들 니므롯이 있다. 니므롯은 "세상에서의 첫 용사, 용감한 사냥꾼"이라는 명성을 가지고 있던 인물이다. 하지만 시날 평지에서 여호와를 대적하는 바벨탑의 주동 인물로 평가받는다. 구스는 성경에 종종 등장하는데 출애굽 당시 모세가 구스 여자를 취하여 아내로 맞이하는 사건이 일어 난다.(민12:1) '우리말 성경'에는 '구스'라는 표현 대신에 '에티오피아 여인'으로 묘사하고 있다. 예레미야 선지자를 구덩이에서 구한 궁중의 내시 에벳멜렉 또한 구스 사람이다.(렘38:7-13)

시바의 여왕은 구스의 맏아들 스바의 자손인데 지혜를 얻고자 솔로몬을 찾아왔다. 신약성경 사도행전 8장에 에티오피아 간다게 여왕의 국고(國庫)를 관리했던 고위관리 요즘 표현으로는 기획재정부 고위공직자가 예루살렘에 예배하러 왔다가 빌립의 전도로 개종한 에디오피아 내시가 구스 사람이다.

근현대사에서는 아프리카에서 식민 지배를 당하지 않은 유일한 국가로 유명하다. 에티오피아는 이중고를 겪고 있는데 높은 실업률과 높은 출산률이다. 급격한 인구증가는 생존을 위협하는 결과를 초래할 뿐만 아니라 일자리가 없다 보니 생계가 막막한 현실이다. 2024년 기준 국민 1인당 GDP가 1,910달러이다.

까트(Khat)는 잎을 씹어 환각을 일으키는 마약(drug)의 일종이다. 까트는 일반인들에게 대중화 되어 있고 합법이다. 시장 곳곳에는 까트를 파는 상점과 사람들로 북적인다. 좀 더 신선한 까트를 사기 위해 일찍부터 기다리는 사람들이 즐비할 정도로 찾는 사람들이 엄청나다. 인건비, 식료품, 공산품 보다 비싼 까트는 서민들의 호주머니를 탈탈 털기에 아주 좋은 중독성 있는 비즈니스다. 전문 공급 업체도 상당수 있다.

까트의 심각성은 사회 문제로 대두되고 있다. 에티오피아 전역에 퍼져있는 마약으로 인해 경제성장의 동력이 떨어지고 가뜩이나 높은 실업률로 인해 어려움에 처해 있다. 그럼에도 불구하고 국민의 대부분은 취업의지가 없을 정도로 국가발전에 저해요소가 되고 있다. 하루 종일 까트를 씹고 있으면 마약 성분으로 인해 환각 상태가 지속

된다. 농산물의 가격은 저렴하지만 공산품은 수입에 의존하기 때문에 노동자의 하루 인건비에 견줄 만큼 아주 비싼 편이다.

에티오피아 하면 떠오르는 것이 아라비카 커피의 대명사 예가체프(Yirgacheffe)의 주산지이다. 하지만 국가가 운영하는 커피농장의 면적은 해마다 줄어들고 생두 가격이 국제선물거래소 등락 폭이 워낙 크다 보니 생산국가나 재배 농가에 경제적 이득이 거의 없다. 하지만 커피보다 상대적으로 비싼 가격에 팔 수 있는 까트 재배로 많은 커피 농장들이 사라지고 있다. 커피나무를 베어버리고 까트를 심는 일들이 벌어지고 있다.

또한 에티오피아는 한국전쟁 당시 참전 국가이다. 에티오피아와 대한민국과의 수교일은 1963년 12월 23일이다. 올해는 61주년을 맞이하게 된다. 한국과의 관계는 1950년 6월 25일 발발한 한국전쟁 당시 참전 16개국 중 전투 병력을 파병한 나라이다. 참전 인원은 약 1,271명이고 희생자 수는 121명이 전사했다. 비전투요원들이 아닌 직접 참전방식인 전투에 실제 투입되어 작전을 수행한 병력이 대부분이었다.

6.25 한국전쟁 당시 UN군으로 참전한 에티오피아군은 '각뉴 부대'라는 이름으로 알려져 있다. 각뉴(Kangnew) 부대의 참전 기간은 1951년 5월 6일부터 1965년 3월 31일까지 한국에 주둔했다.

아프리카 대륙에서 유일하게 한국전쟁에 지상군 전투 병력을 파병한 나라로 당시 황제인 하일레 셀라시에 1세는 국제사회에서 한국의 입장을 지지하며 UN군 파병을 결정했다. 1935년 이탈리아가 에티오피아를 침략했을 당시 에티오피아는 세계 각국에 도움을 요청했으나 국제사회로부터 외면을 당했던 과거의 아픔이 있었다. 이런 아픔을 겪은 하일레 셀라시에 1세 에티오피아 황제는 한국전쟁이 발발하자 파병을 결정한 것이다.

  6·25전쟁 발발 직후 유엔의 파병 요청을 받은 하일레 셀라시에 당시 에티오피아 황제는 황실근위대를 주축으로 참전부대를 창설했다. '각뉴'의 뜻은 현지 암하릭어로 '격파하다', '혼란에 질서를 잡다'는 의미로 황제가 부여한 명칭이다. 에티오피아는 황실 근위

대 6개 대대 5차례에 걸쳐 모두 6,037명을 한국으로 보냈다. 참전을 위해 10,000km의 거리를 한걸음에 달려왔다.

한국전쟁 당시 미국 7사단 32연대에 배속된 에티오피아군 대대가 강원도 철원 적근산 동북쪽 1.5km 지점인 797고지에 투입되어 현지 적응훈련 중 적과 첫 전투를 개시했다. 1951년 8월 12일부터 동년 8월 24일까지 전투를 실시하여 적군 130명을 사살하고 200여명 사상자를 내는 전공을 세운다. 1951년 5월부터 1965년 3월 철수할 때까지 각뉴부대 6,037명이 253회 전투를 치렀다.

이 기간 동안 124명이 전사하고 536명이 부상했으나 포로는 한 명도 없었다. 끝까지 전사자들을 수습하며 '불패의 부대로' 명성을 떨쳤다. 에티오피아군은 전투와 훈련에 뛰어난 실력을 발휘하여 많은 전과를 올렸다. 주로 강원도 화천, 양구, 인제 지역에서 교전 활동을 했고 '각뉴부대'라는 이름으로 강원도 춘천에 '이디오피아 집'이라는 카페를 열기도 했다.

각뉴부대는 전쟁이 끝난 뒤에도 한국에 주둔하며 평화를 지키고 전후 복구를 도왔다. 부대원들은 월급을 모아 1953년 경기 동

두천에 '보화원'이란 이름의 고아원(보육원)을 세운 뒤 전쟁 고아들을 보살폈다. '보화'(Bowha)는 암하릭어로 '하나님의 은혜'란 뜻이다.

　에티오피아의 선교역사를 살펴보면 에티오피아는 주후 300년경에 기독교가 들어왔지만 330년부터 기독교를 국교로 선포한다. 기독교는 서구의 영토 확장을 위한 식민과정에서 생성된 부산물이 아니었다. 에티오피아는 실제로 세계에서 두 번째로 오래된 기독교 국가이며, 많은 문화 유적들이 기독교와 관련돼 있다. 에티오피아 기독교의 정식 명칭은 에티오피아 테와히도 정교회(Ethiopian Orthodox Tewahedo Church)이다. 기본적으로 이집트와 북동아프리카에 뿌리를 둔 알렉산드리아 콥트 정교회의 영향을 받지만 전반적으로 토착화 되었다.

　테와히도(Tewahedo)는 '연합된'이라는 의미로, 예수 그리스도의 신성과 인성의 완벽한 연합을 주장한다. 에티오피아 정교회는 삼위격(성부, 성자, 성령)의 동등한 삼위일체를 강조하며, 일반적으로 기독교 66권 정경 외에 외경들 즉 '에녹서, 희년서'를 포함하여 구약성경 46권, 신약성경 35권으로 모두 81권을 정경으로 인정한다. 가톨릭이 73권, 정교회가 76권, 기독교는 66권만을 정경으로만 인정한다.

　에티오피아에 최초로 미국인 장로교 선교사가 들어온 때는 1919년이다. 당시 스페인 독감이 전 세계에 급속도로 퍼지고 있었던 터라 서부의 군주가 당시 수단에서 사역하고 있던 토마스 램비(Thomas A. Lambie)라는 의사를 에티오피아로 초청한다. 그는 에티오피아의 서쪽 지방인 '뎀비돌로'(Dembi Dolo)라는 지역에서 병원, 학교, 교회를 세워 선교를 시작한 것이 기독교 선교의 시초가 되었다.

1968년 한국교회 최초 선교사를 파송하여 올해로 에티오피아 선교 56년을 맞이한다. 1968년 에디오피아 황제 하일레 셀라시에는 고(故) 박정희 전 대통령의 초청으로 한국을 공식 방문한 적이 있다. 한국 방문 시 셀라시에 황제는 영락교회 주일 예배에 참석하여 그리스도인들에게 더욱 유명해졌다. 황제가 영락교회에서 주일 예배를 드렸는데,

이때 황제를 수행한 손녀 소피아 공주가 한경직 목사를 만나서 한국교회가 에티오피아에 선교사를 파송해줄 것을 요청했다.

당시 베트남 선교를 준비하고 있던 박희민 목사가 그해 7월에 영락교회에서 선교사 파송 예배를 드린 후, 1969년 드디어 에티오피아 땅에 도착했다. 박희민 선교사는 미국 장로교 선교부가 있는 곳으로 가서 한국교회의 파송을 받은 선교사로서, 에티오피아의 장로교 전통의 베델교회에서 미국 선교부와 협력해 선교사역을 수행했다.

♠ 아파르 부족으로의 부르심

에티오피아는 동아프리카에 위치한 민주공화국이다. 88개의 종족 중 하나인 '아파르(Afar)' 종족에 부르심을 받아 사역을 감당하고 있다. 종족 선교란 사전적 의미로 첫째, 인종 언어학적 종족으로 공통적인 혈통, 역사, 관습, 언어 등 동일한 전통을 공유 하는 인

종 또는 종족집단이다. 둘째, 사회적 종족으로 공동 관심사나 직업 등의 어떤 목적을 매개로 하여 형성되는 비교적 작은 사회적 집단으로 도시 이주민과 같은 사람들이다. '아파르 족'은 첫 번째 사전적 의미로 정의할 수 있는 종족이다.

아파르(Afar) 종족은 에티오피아(Ethiopia), 에르트리아(Eritea), 지부티(Djibouti) 이렇게 세 국가에 분포되어 살고 있는 종족이다. 인구수는 에티오피아 2,155,000명, 에르트리아 296,000명, 지부티 334,000명이다. 종교 현황을 보면 에티오피아가 이슬람 99.10%, 기독교 0.91%, 에르트리아가 무슬림 99.80%, 기독교 0.20%, 지부티 이슬람 99.95%, 기독교 0.04%이다.

현지에 살면서 에티오피아에 대해 알아가고, 배워가고, 경험하

며 체득하는 시간을 통해 적응하고 있다. 하지만 여전히 모르는 것이 많을 뿐만 아니라 날마다 새로운 사건 사고로 인해 확실하게 학습하고 있다. 모든 것이 낯설고 어렵기만 하지만 오늘도 하나님

의 도우심으로 하루하루 순종하며 에티오피아의 땅끝에서의 삶을 이어가고 있다. 나에게 많은 사람들이 많이 하는 두 가지 질문이 있다. 많은 질문 중 첫째는 모태 신앙이냐는 것이다. 둘째는 어떻게 선교사가 되었냐는 것이다. 이 두 가지 질문에 답을 하려 한다.

첫 번째 질문에 대한 답은 나는 모태 신앙이 아니다. 어릴 때부터 교회를 다녔지만 구체적으로 언제부터 교회를 다니게 되었는지는 정확하게 알 수는 없지만 부인할 수 없는 확실한 사실은 예수님을 나의 구주로 인격으로 영접하여 여주동행(與主同行)하고 있는 것이다. 이곳 에티오피아에서 하나님과 함께 행복한 동행을 이어가고 있다.

둘째 질문에 대한 대답은 초등학교를 졸업하고 중학생이 되어 어른 예배를 드리게 되면서 거의 매주일 예배당 거의 앞자리에 앉아서 예배를 드렸다. 내가 어렸을 때는 한국교회는 일 년에 두 번씩 봄과 가을철에 부흥회를 했다. 중학생 때 참석했던 부흥회들의 특징들을 생각해보면 주의 종이나, 선교사의 헌신을 많이 강조해서 하나님께 헌신하는 사람은 두 부류의 사람으로 밖에는 없을 정도로 강하게 부르심을 선포했던 것 같다. 당시 부흥회 강사 목사님이 이렇게 선포하셨다.

'첫째, 직접 선교지에 가서 선교사로 사실 분 일어나세요', '둘째, 선교사를 위해 헌금하실 뿐 일어나세요', '셋째, 선교사를 위해서 기도하실 뿐 일어나세요'라는 말씀으로 참석한 모든 사람들에게 선교를 위해서 무엇이라도 할 수밖에 없는 상황을 만들었다. 당시 나는 중학생이었기에 선교사로 직접 갈 수 없었고, 돈도 없었기에 일어날 수밖에 없어서 강사 목사님의 강권적인 세 번째 선포에 나도 모르게 일어났다. 당시에 내가 할 수 있는 최대의 순종이라 생각한다. 그 후 며칠 뒤 강사 목사님이 나를 강단 앞에 세우시고 나에게 뭐가 될 건지 물어보았다. 그때 내 입에서 나온 답은 "사역자가 되고 싶다"는 말이 나왔다. 나도 모르게 갑자기 이런 대답을 했고 그 부흥 강사 목사님은 나에게 축복 기도를 해주셨다.

어느덧 일상의 세월이 흘러 내 나이 21살에 국방의 의무를 감당해야 할 때가 되었다. 나는 방위 산업체에 근무하게 되었다. 시간이 너무나 빠르게 지나 방위 산업체 대체복무 기간이 끝나갈 무렵 나는 심각한 고민에 빠지게 되었다. 앞으로 나는 무엇을 하며 살아야 하는 현실적인 문제 앞에 심각해질 수밖에 없었다. 그때 내 마음속에서 세미한 울림과 감동이 왔다. "승훈아! 너 나를 위해 살기로 했잖아"라는 하나님의 말씀이 나에게 들려왔다. 고민할 것도 없이 나는 하나님의 부르심에 마음이 급했다. 그래서 다니고 있던 교회의 교단신학대학교 웹사이트에 들어가 검색을 해보았다. 내 눈에 들어온 것은 '산업체 특별전형'이라는 것이 있었고 근무경력이 2년이 있으면 자격요건이 되는 것이었다. 다니던 회사를 계속 다니면서 2년의 복무 기한을 마치고 신학대학교 원서를 쓰기로 결정했다.

일 년이 지날 때쯤 다시 신학대학교 웹사이트를 열어 검색해 보니 '회사경력이 1년이면 된다'고 해서 지원하여 합격했다. 이렇게 고민과 생각의 순간에 하나님의 부르심은 신학대학교 입학이라는 예비하심으로 나의 갈 길을 계획하시고 인도하고 있었던 것이었다.

내게 구하라 내가 이방 나라를 네 유업으로 주리니 네 소유가 땅 끝까지 이르리로다.
Ask of me, and I will make the nations your inheritance, the ends of the earth your possession.(시편2:8절,NIV)

대학교 1학년을 마칠 때쯤이다. 학교에 있는 동아리를 통해 인도(India)로 비전트립(vision trip)을 가게 되었다. 생전 처음 외국이라는 인도 땅에서 내 입술에서는 "주님 국적이 한국이지만 다른 나라에서 살면서 하나님을 전하게 해주세요"라고 고백을 하며 기도하고 있었다. 대학교 마지막 학기를 다니면서 기도했던 것은 "하나님 저를 선교사로 보내시려면 마흔 살의 새해는 선교지에서 맞이하게 해주세요"라는 기도였다.

이런 나의 간절한 기도는 2015년 12월 2일에 에티오피아에 오게 되었고 한국 나이로 39살에 에티오피아 땅을 밟게 되었다. 이듬해인 2016년 1월 1일 내 나이 마흔 살에 기도가 응답이 되어 선교지에서 새해를 맞이하게 하셨다. 어찌 보면 응답의 현장에 주인공이 되어 있었다. 나의 작은 바람까지 기억하시고 정확한 하나님의 시간에 나를 마흔 살에 선교지로 인도하셨다. 우리의 인생사에는 결코 우연이란 없는 것 같다. 모든 것이 하나님의 계획과 섭리 그리고 은혜라고 밖에는 표현할 길이 없다.

뒤돌아 생각해 보면 어릴 적 철없는 기도와 대학 때 난생처음 인도에서의 비전트립 그리고 마흔 살 선교지에서 새해를 맞고 싶은 바람들이 꿈 같이 이루어져 지금 응답의 현장에서 마음껏 하나님의 맡기신 일을 감당하며 행복한 선교사로 있는 내 자신이 신기할 따름이다.

개인적으로 "선교사로 살고 싶습니다"라고 기도하면도 선교사로서의 준비는 별로 한 것이 없이 산 것 같다. '선교사'라고하면 기본적으로 선교대상국에 대한 기본 이해와 연구가 선행되고 실제 단기선교를 통해 현실적인 장기선교를 위한 준비에 착수하게 된다. 선교에 필요한 언어준비는 필수적이다. 특히 영어는 공통어가 되어 꼭 공부했어야 했다. 하지만 나는 아무것도 준비되지 않은 선교사로 막연한 기대와 계획만 세워놓고 시간만 보낸 것 같다.

"내가 경험한 나라 중에 한군데로 나가야겠다"는 생각만 붙들고 아무것도 준비하지 않고 찾아보지도 않고 그냥 세월을 보냈다. 어릴 때부터 사역자, 선교사를 생각을 하고 있었기에 누가 물어보면 "나의 꿈은 선교사야"라고 했는데 정작 내 모습을 보니 아무것도 준비되어 있지 않은 모습과 직면하게 되었다.

♠ 진짜 선교사가 되어 가다

서른다섯 살이 되어 선교한국에서 미션파트너(Perspectives Study Program, PSP)를 받게 되면서 실제적인 선교를 알게 되었다. 그리고 이슬람 선교를 위해 설립된 한국 프론티어스(Frontiers) 국제선교회에서 하는 인카운터(Encountering the World of Islam) 훈련을 통해 이슬람에 대해 알게 되면서 선교사로의 준비를 조금씩 하게 되었다. 서른여섯 살 늦은(?) 결혼을 하고 아내와 선교를 위해서 기도하면서 "우리의 선교지는 이슬람인데 미전도 종족으로 가자"는 마음으로 모아졌다.

우리는 기도하며 종족을 리서치 하면서 '아파르'(Apar)라고 하는 종족을 알게 되었다. '아파르'라는 종족은 동아프리카 에티오피아(Ethiopia). 에리트레아(Eritrea). 지부티(Djibouti) 이렇게 세 국가에 분포되어 거주한다는 것을 알게 되었다. 아파르 종족에 대한 정보가 많이 없었기에 우리 부부는 직접 아파르 종족을 알기 위한 정탐 여행을 가기로 했다. '호랑이 잡으려면 호랑이 굴로 들어가라'는 말도 있듯이 우리 부부는 머뭇거릴 시간이 없었다.

우리 부부는 아파르 종족이 가장 많이 살고 있는 에티오피아로 일차 정탐국가로 정했다. 우리 부부가 정탐을 결정했을 때 우리에게는 10개월 된 아들이 있었는데 아이를 어떻게 할지를 고민되었다. 죄송하지만 처가에 맡기는 것으로 결정하고 아들을 장모님께 맡기고 우리는 정탐을 위해 에티오피아로 향하는 비행기에 몸을 실었다. 우리는 정탐을 가면서 기대감에 잔뜩 부풀어있었다. 우리가 한국에서 리서치 했던 '아파르' 사람들은 어떻게 생겼고, 어떤 음식을 먹고, 어떻게 살아가는지를 직접 볼 수 있을 거라는 기대와 설레임이 있었다. 나에게 에티오피아에 도착은 선교사로서의 꿈으로 한발 나서는 큰 의미 있는 사건이다.

우리는 인천공항에서 무려 13시간이 넘는 비행을 마치고 마침내 그토록 바라던 에티오피아 수도인 아디스 아바바(Addis Ababa)에 도착했다. 이곳에서 현지인 종족 연구하는 사역자분을 통해 현지인 아파르 사역자를 소개받아 그분을 만나러 데시(Dese)라는 지역으로 버스를 타고 가기로 했다. 버스를 타고 데시에 도착했다. 버스 승객 중 외국인은 우리 부부 뿐이었다. 버스에서 내리고 소개받았던 분을 만났다. 그분에게 우리 부부가 한국에서 이곳에 정탐 온 목적을 이야기하고 아파르 지역에 들어가서 직접 사람들을 만나보고 싶다고 했다.

그분의 말은 일주일에 버스가 두 번 있다고 했고 우리가 도착한 날에서 며칠이 지나야 버스가 있다고 했다. 우리는 할 수 없이 다른 방법을 찾아야 했다. 그분의 대답은 차를 대여해서 가는 방법밖에는 없다고 했다. 우리는 차를 빌려 그다음 날 출발을 하였다. 흙먼지를 뒤집어쓰고 비포장 길을 달려 드디어 아파르 지역에 도착하였다. 우리 부부는 빨리 아파르 종족 사람들은 만나고 싶어서 내리려 하자 우리를 안내했던 사역자가 '당신들이 내리면 지금까지 했던 내 사역이 망칠 수 있다'고 해서 우리는 땅도 밟아 보지도 못하고 돌아서야 했다.

차는 왔던 길로 다시 데시로 돌아가게 되었다. 돌아오는 중에 나는 너무 화가 나서 울분을 토하면서 하나님께 기도했다. 기도가 끝난 후 현지인 학생 둘이 우리 차를 세웠다. 차를 세운 이유는 자신들이 학교에 가야 하는데 차가 없어 태워 달라는 것이었다.

우리는 주변과 길에 다른 차가 없었기에 태워주기로 했고 그 학생들과 대화 해보니 이 학생들이 아파르 종족이고 누나와 동생 관계였다. 이러한 상황 속으로 인도하신 하나님의 오묘하신 방법으로 기도의 응답을 감사하며 학생들을 보면서 아파르 종족에 대한 하나님의 부르심을 확신하게 되었다.

한국에 돌아온 후 우리는 선교에 필요한 모든 준비를 하여 2015년 12월 2일 한국을 떠나 에티오피아로 오게 되었다. 우리 가정이 선교사로 헌신하고 낯선 타지에서 기도하는데 하나님께서 말씀을 생각나게 하셨다. 하나님  께서 로마서 1장 14절 말씀을 우리 가정에 주신 에티오피아 최초 약속의 말씀이었다.

> 헬라인이나 야만인이나 지혜 있는 자나 어리석은 자에게 다 내가 빚진 자라.
> I am obligated both to Greeks and non-Greeks, both to the wise and the foolish.(로마서1장14절,NIV)

에티오피아에 입국한 첫날의 기억은 '한국에서 가지고 온 짐과 서류들을 어디에다 두었는지 잘 기억해야 한다'는 것이었다. 입국 당시에 내가 우리 가족의 여권을 다 가지고 있었다. 입국심사를 받기 위해 여권을 찾는데 여권을 어디에다 두었는지 생각이 나지 않아 허둥지둥 되었다. 겨우 가방 뒤에 있는 여권을 찾아 온 가족이 에티오피아에 무사히 입국하게 되었다. 그때를 회상하면 시간차 때문이었는지, 당황해서 인지 모르겠지만 천신만고 끝에 안착한 생각이 난다.

아디스아바바 볼레 공항을 빠져 나오자마자 뜨거운 바람에 숨이 막힐 지경이었다. 에티오피아에 대한 나의 첫인상은 친근한 지방 도시에 와 있는 것 같은 안정감을 주었고 포근한 인상을 주었다. 주님이 예비하시고 에티오피아로 부르셔서 아파르 종족을 섬기는 자리로 인도하신 은혜에 감사했다. 지금 이곳에 있는 사실만으로도 우리 가정에게는 더할 나위 없는 기쁨과 즐거움 그 자체이다.

♠ 비자(visa) 여행을 다니다

에티오피아 정착을 위해서 처음으로 한 것은 집을 구하는 것이었다. 하지만 조건이 있었다. 언어공부를 위해서 현지 언어학원과 최대한 가까워야 한다는 것과 자녀들이 어렸기 때문에 이동에 용이한 곳이어야만 했다. 며칠을 찾다가 포기하고 있을 때 함께 팀사역으로 일하고 있던 자매의 도움으로 우리가 원하는 집을 얻을 수 있었다. 이제 이곳에서 우리 가족이 살 수 있는 공간이 마련된 셈이다. 이제 현지 적응과 본격적인 사역을 위해 열심히 언어와 현지 문화적응에 힘을 쏟아야 했다. 집을 얻고 보니 문제가 우리 가족을 향해 다가서고 있었다.

 에티오피아는 관광비자는 30일과 최대 90일 비자가 있다. 우리 가족은 일단 관광비자 받아 여행자 신분으로 입국했기에 3개월에 한 번씩 비자(visa)를 갱신하기 위한 소위 비자 여행을 다녀야 했다. 우리는 가지고 갔던 재정을 최대한 절약해야 했기에 성인만 비자 발급 비용이 들어가는 인접 국가인 케냐(Kenya)로 반강제적으로 비자 여행을 세 번씩이나 다녀와야 했다. 조금이나마 아이들의 비자 발급비를 절약할 수 있었다. 하지만 여행이 잦을수록 첫 번째와 두 번째는 특별한 문제 없이 에티오피아에 입국했는데 세 번째 입국할 때 문제가 발생했다. 우리 가족이 두 명의 어린아이들을 데리고 비자 없이 여행자 비자로 목적 없이 케냐만 출입국을 하다 보니 이민국 직원들이 우리 부부를 한국에서 온 보따리 장사로 오해해서 입국 거부가 되어 한국에 돌아갈 것을 명령했다.

 에티오피아에서는 외국인 관광비자로 사업을 한다거나 영리를 목적으로 하는 매매행위를 해서는 안 된다. 우리는 이민국 직원에게 오해에 대한 설명을 해도 도통 접점이 없어 보이는 긴장감이 흐르는 시간이 지나고 이민국 직원이 한국으로 돌아갈 비행기 탑승권(Boarding pass)을 제시하라는 것이다. 탑승권을 보여주고 기다리니 직원이 1개월만 체류 가능하다고 해서 출국일을 변경하고 다시 제출해서 3개월 체류 관광비자를 발급해 주었다. 재미있는 광경은 처음에는 탑승권 제시를 하라고 하더니 나중에는 탑승권도 없는데 출국 날짜를 변경서류만으로도 3개월 체류비자가 그 자리에서 바로 나온 것이다.

외국에서 가장 힘든 것은 바로 비자 문제이다. 특히 종교 비자가 없는 국가에서는 선교사 신분으로 신청할 수 있는 비자는 몇 가지 없다. 그중에 은퇴 비자나 투자 비자를 받는 것인데 목돈이 들어가는 금전적 문제로 인해 쉽지 않다. 번거롭더라도 매번 90일마다 갱신하는 비자 여행을 다니는 것도 만만치 않은 일이다. 이날을 계기로 하나님께 비자를 주시기를 기도하였다.

우리 가족의 비자 문제를 해결하기 위해 간절히 하나님께 기도드렸다. 드디어 비자 기도가 이루어졌다. 현지에서 새롭게 창립하는 유소년 축구 아카데미(Tesfa Youth Football Academy)에 투자자로 참여하는 기회가 찾아왔다. "기회는 이때라" 일정금액을 축구 아카데미에 출자하는 형식으로 투자자로 투자 비자(Investment Visa)를 받게 되어 비자 문제를 간단히 해결할 수 있게 되었다. 테스파(소망) 축구 아카데미는 지금도 잘 운영되고 있으며, 현재는 아이들뿐 아니라 성인 프로팀을 만들어 운영하고 있다.

우리 가족이 에티오피아에 온 이유는 아파르 종족에게 복음을 전하기 위해서 왔다. 그러나 처음 적응과 언어를 배우는 과정에서 '프론티어스(Frontiers) 국제선교회'라는 국제이슬람 선교단체에 속해 있으면서 팀원으로 같이 생활을 했다. 이 선교팀은 아파르 종족이 아닌 소말리(Somaal, ሶማሌ ክልል) 종족에게 복음을 전하기 위해서 만들어진 선교팀이었다. 이 팀에 들어가 있으면서 팀에서 요구하는 것들을 최대한 협조했다. 선교팀 리더가 가정의 집 근처로 이사하라면 이사하고 다른 도시로 이사하라면 다른 도시로 이사를 했다.

♠ 익숙함과 다름을 넘어 '코마메'로 가다

프론티어스 선교팀과 3년이 넘게 같이 했는데 어느 날 주님이 우리를 원래 부르셨던 아파르 종족으로 가는 것에 대해서 말씀하셨다. 우리 부부는 기도를 하고 선교팀 리더 부부에게 찾아가서 우리가 팀에서 나가는 것에 대해 이야기를 하고 팀과 단체의 허락하에 팀과 프론티어스 국제선교회를 나오게 되었다. 우리가 팀에서 나와 당장 사역지를 개척하거나 동역을 할 수 있는 것은 아니었다. 우리 부부는 하나님께 기도하며 우리의 앞길을 인도해 달라고 기도만 할 뿐이었다. 마태복음 7장 7절과 8절의 말씀을 붙들고 날마다 간절히 기도하는 것밖에는 할 수 있는 일이 없었다.

> 구하라 그리하면 너희에게 주실 것이요 찾으라 그리하면 찾아낼 것이요 문을 두드리라 그리하면 너희에게 열릴 것이니 구하는 이마다 받을 것이요 찾는 이는 찾아낼 것이요 두드리는 이에게는 열릴 것이니라
> "Ask and it will be given to you; seek and you will find; knock and the door will be opened to you. For everyone who asks receives; he who seeks finds; and to him who knocks, the door will be opened.(마태복음7장7-8절, NIV)

며칠이 지나 평소 알고 지내던 선교사님이 지나가는 말로 아파르 지역에 유치원 사역을 하시는 분이 있다는 것이다. 연락처를 받고 바로 연락을 했다. 전화를 받은 선교사는 이번 여름에 한국에서 단기선교 팀이 들어오니 그때 같이 일해보자는 제안을 했다. 나는 흔쾌히 단기선교팀을 위해 동역할 것을 결정했다. 단기선교팀 사역이 끝난 후에 세부적인 유치원 사역에 관한 이야기를 꺼내려

고 했지만 차후로 밀렸다. 나는 여름 단기선교팀과 합류하여 수도인 아디스아바바 동쪽에 자리한 코마메(kumame) 지역으로 이동하여 사역을 감당했다. 사역을 마친 후 그동안 유치원 사역을 하신 선교사님으로부터 뜻밖에 말을 듣게 되었다.

그는 오래전부터 유치원을 맡아 사역을 해줄 수 있는 후임 선교사를 찾고 있었다고 한다. 한국인 선교사 중에서 찾았지만 찾아도 나타나지 않자 낙심하여 있는 차에 굳이 우리 부부에게까지 말을 꺼내지 않았단다. 이렇게 해서 아파르 종족을 위한 우리의 사역의 길이 극적으로 열리게 되었다. 한국을 떠나 타국인 에티오피아에 들어온지 근 10개월이 지난 2019년 9월이 되어서 우리 가정이 그

토록 가고 싶었던 아파르 종족을 위한 동역의 사역이 시작되었다.

우리 부부에게 처음으로 맡겨진 일은 유치원 교사와 사무실에서 수업에 필요한 물건들을 챙겨주는 일이었다. 나에게는 주어진 일은 수업에 필요한 물건들 챙겨주는 일이었다. 아내는 미술 교사로 가르치는 일이 주된 업무가 되었고 결근한 교사의 수업과 그들의 빈자리 맡아 학생들을 돌보는 일을 했다.

'코마메'라는 지역은 아파르(Apar)와 암하라(Amhara) 주(州)의 경계에 있었기에 가끔씩 무력충돌이 있는 곳이다. 또 '코마메'는 거의 99%가 아파르 종족 사람들이 대부분을 차지하여 다른 종족들이 거주하기 힘든 지역이다. 그리고 외부 지역으로 나가는 버스가 하루에 한 대가 전부이고, 그 마을 안에는 대중교통이 없어 걸어 다녀야 하는 곳이다. 사회적으로나 교통적으로나 상당히 고립되어 있을 뿐만 아니라 도시환경은 낙후되어있는 지역이다.

우리 가족은 초기 '코마메' 유치원 안에 있는 관사에서 현지인 선생님과 같이 생활하면서 아이들을 2019년 9월부터 가르치며 아파르 종족 사역을 시작하게 되었다. 2020년 우리 가족은 3개월의 안식일을 가지면서 유치원에 필요한 물건을 가지러 한국에 들어왔다. 이 무렵 전 세계를 공포로 떨게 했던 '코로나19'가 한국에 급속하게 퍼지게 되면서 우리는 뜻하지 않게 한국에 머물게 되었다. 우리 가족은 우여곡절 끝에 2020년 11월에 다시 에티오피아로 들어왔다.

2020년 11월 에티오피아에 입국하자마자 에티오피아 정부군과 북쪽 티그라이(Tigray) 종족과 전쟁이 일어났다. 천만다행으로 북쪽에서만 분쟁이 일어났기에 우리는 유치원이 있는 '코마메'로 들어가서 아이들과 수업을 했다. '코로나19'에 감염 될수 있었기에 수업 전에 아이들의 발열 상태와 개인 소독을 위한 손 소독을 매일같이 실시했다. 에티오피아인들의 음식문화는 손을 사용하여 음식을 먹기 때문에 감염에 취약했다. 그렇기 때문에 더욱 철저하게 방역을 해야겠다는 계기가 되었다. 이렇게 '코로나19' 기간 내내 아이들과 같이 생활했다.

코마메 유치원 주방에서 음식을 준비하는 아내 나누리 선교사

한 학기를 보내고 내려 왔는데 북쪽의 전쟁으로 인해 '코마메' 전역은 전면 출입통제구역이 되면서 수업을 하지 못하는 상황에 놓이게 되었다. 내전으로 인해 사역지를 한순간에 잃어버리게 된 셈이다. 우리는 다시 새로운 사역을 위해 사역지를 찾아야 했다. 하나님의 인도하심을 기다리며 한 치 앞도 알지 못하는 내전이 끝나기만을 고대하며 버티

고 견디는 긴 상황이 이어졌다.

 2022년 2월 우리는 새로운 사역지를 찾게 되었다. 아파르 주(州)의 남쪽 끝에 있는 '아와시 사바트(Awash Sabath)'라는 곳이었다. 에티오피아 수도인 아디스아바바에서 남쪽으로 약 285km 정도 떨어진 곳에 위치한다. 우리 부부는 집을 구하기 전에 답사를 가보기로 결정했다. 정탐을 통해서 사역에 필요한 자료와 정보를 수집하기 위한 목적이었다. 코마메 지역 보다는 훨씬 큰 도시였다.

 이전 코마메 지역하고는 비교가 안 될 만큼 모든 것이 풍족하고 편리한 도시였다. 이곳의 종족 분포는 60% 아파르 종족과 40%의 다른 종족이 함께 어울리며 지부티에서 아디스 아바바로 물건이 공급되는 산업적 요충지이다. 에티오피아 경제에 한 부분을 담당하는 도시이다.

나는 하나님께 앞으로 시작될 우리에 사역이 이 도시만큼 에티오피아 선교에 있어서 중추적인 부분을 감당하기를 바라는 마음으로 기도했다. 새로운 도시에 대한 기대감과 설렘이 교차했다.

새로운 일의 결정에 있어 하나님의 인도하심이 없이는 움직일 수 없는 것이었다. '아와시 사바트' 도시는 인간적으로 매력적이고 편리하다고 해서 하나님의 허락이 없이는 갈 수가 없는 것이다. 어쩌면 매번 하나님의 결정 따라야 하는 것이 선교사의 숙명이듯 하나님의 뜻을 알고 싶은 마음에 하나님의 확실한 응답이 있어야 했다. 감사하게 하나님이 우리에게 이사야의 말씀을 통해 확신케 하셨다.

> 네 장막터를 넓히며 네 처소의 휘장을 아끼지 말고 널리 펴되 너의 줄을 길게 하며 너의 말뚝을 견고히 할지어다.
> "Enlarge the place of your tent, stretch your tent curtains wide, do not hold back; lengthen your cords, strengthen your stakes.(이사야서54장 2절NIV)

> 네 모든 자녀는 여호와의 교훈을 받을 것이니 네 자녀에게는 큰 평안이 있을 것이며.
> All your sons will be taught by the LORD, and great will be your children's peace.(이사야54장 13절, NIV)

하나님이 없이 우리의 계획과 열정으로 일을 하면 실패할 수밖에 없고 남는 것이 없다. 기도하지 않고 행동할 때 훗날 후회와 죄송함만 남게 된다. 하지만 시간이 걸리고 힘들지만 하나님께 기도하고 응답의 때를 기다리는 것이 선급한 결정 보다 훨씬 효과적이고 가장 확실한 사역의 방법이 된다. 기도와 응답으로 한 걸음씩 나아가는 것은 우리 사역의 철칙이 되었다. 우리는 이사야 말씀을 통해 앞으로의 사역을 향한 하나님의 계획을 깨닫게 하셨고 새로운 사역의 환경으로 인도하고 있다는 확신을 가지고 평안한 마음으로 '아와시 사바트' 지역으로 옮길 수 있었다. 약속의 말씀을 붙잡고 담대한 마음으로 새로운 독립 사역의 첫발을 내딛는 순간이었다.

♠ 무지개 기숙사 개원하다

우리가 새로운 지역으로 사역지를 옮기고 '아와시 사바트' 지역 학교와 운영을 관할하는 교육청에 가게 되었다. 교육청 담당자가 우리가 '코마메'에서 했던 사역을 이미 알고 있었다. 교육청 담당자는 우리에게 '코마메'와 같은 사역을 해줄 것을 요구했고, 우리는 기숙사 운영으로 새로운 사역이 시작되었다.

우리가 기숙사를 시작하게 된 이유는 교육청 담당자의 권유도 있었지만 '아와시 사바트' 지역 주변에 있는 고등학교는 우리가 사역을 시작하려는 거주지역에 있는 고등학교가 유일했다. 이 고등학교가 아파르 주(州)에서 나름 대학 진학률이 높은 명문 고등학교였다. 에티오피아에 고등학교가 많은데 대학을 한 명도 못 보내는 학교가 많은데, 이 학교는 대학 진학률이 좋다는 소문을 듣고 타지역에서 학생들이 찾아오는 학교였다.

먼 지역에서 온 학생들은 학교 주변에 집을 얻어 생활을 하거나 친척 집에서 생활하는 학생들도 있다. 이러한 학생들의 문제는 학업을 마치고 하교 후에는 가사 일을 해야 하기 때문에 상대적으로 공부할 수 있는 환경이 만들어지지 않는다. 아무리 친척이라고 해도 무상제공은 애초에 없다. 한 집에서 있는 동안에는 일정 부분 노동력을 제공해야 하기 때문에 공짜가 아니다. 이러한 환경에 있는 학생들을 대상으로 기숙사 사역을 시작하게 된 동기가 되었다.

우리는 먼저 아파르 종족 학생 6명, 다른 종족 학생 4명이 생활할 수 있는 곳, 취사 도우미 한 명 그리고 우리 가정이 함께 공동생활이 가능한 집을 구하는 것이었다. 우리의 목표는 같이 공동생활을 하면서 삶의 변화를 주는 것이었고, 이 학생들이 기독교에 대한 반감을 같지 않고 긍정적으로 흡수하여 수용하는 것이었다. 공동생활은 서로에게 쉬운 일이 아니다 서로에 대한 열린 마음이 없다면 사실상 불가능한 일이다. 이렇게까지 하는 이유는 기독교에 대한 긍정적 이미지를 심어주는 것이었다. 이런 연유에서 힘든 공동생활을 기반으로 기숙사 사역을 했다.

이 기숙사의 이름을 뭐라고 부를지 고민하고 있을 때 하나님이 노아에게 다시는 물로 심판하지 않을 것을 약속하시면서 무지개를 보여주셨던 것처럼 노아의 약속이 우리에게도 무지개 언약이 우리 사역을 향한 하나님의 약속에 대한 지키심을 기대하며 기숙사의 이름을 무지개로 정했다.

> 내가 내 무지개를 구름 속에 두었나니 이것이 나와 세상 사이의 언약의 증거니라.
> I have set my rainbow in the clouds, and it will be the sign of the covenant between me and the earth.(창세기9장13절, NIV)

기숙학생 선발 기준은 학교장의 추천을 받은 자, 타지역에 거주하는 자, 학업에 대한 열의가 있는 자, 한 부모가정의 자녀인 자를 선발의 자격으로 삼았다. 학생들이 기숙사에 들어오기 전 우리 부부가 면담을 하고 기숙사 생활에 필요한 규칙들을 설명하고 본인 동의하에 입사하게 하는 기숙사 운영규정에 따라 진행했다.

여기서 잠깐, 에티오피아의 교육제도에 관해 간단히 설명하면 한국의 교육 학제와 달리 12학년 제도로 운영된다. 초등과정 6년, 중등과정 2년, 고등과정 4년으로 되어있다. 이곳에 학기 개념은 이들만의 달력을 쓰고 있기 때문에 새해의  시작이 9월이고 새로운 학기의 시작도 9월이 된다. 9월에 1학기가 시작되어 이듬해 2월이 되면 1학기를 마치게 된다. 중간에 한주의 방학을 하고 2월에 2학기가 시작되어 6월에 2학기를 마친다. 그래서 1년의 학제가 끝나면 2개월이 넘는 방학이 시작된다. 우리 무지개 기숙사는 고등학생인 9학년부터 지원할 수 있고 9-10학년을 대상으로 입사시켰다.

무지개 기숙사(Rainbow Dormitory)를 시작해서 처음 학생들을 받은 것은 2022년 2학기였다. 처음 기숙사에 들어온 학생들은 아파르 학생들 4명, 다른 종족 학생들 1명이 들어왔다. 종교로는 무슬림 4명과 정교회 1명 이었다. 이 학생들과 공동생활을 하면서 아파르 종족에 대해서 더욱더 실제적인 모습을 볼 수 있는 계기가 되었다.

이번 학기에 입주한 다른 종족이었던 학생은 아파르 학생들과 어울리지 못하고 야반도주를 하였고, 이 학생에 대해서 학교에 알리고 답변을 기다렸고 결국 퇴소의 결과로 이어졌다. 같은 종족이라도 아파르 학생들끼리 싸우기도 했다. 가관도 아니다. 싸우는 모습을 보면서 평소에는 아파서 힘이 없다고 하는 학생도 싸울 때는 어디서 힘이 생기는지 전 힘을 다해 치열하게 싸운다.

공동생활을 하면서 이들에게서 이해할 수 없는 일들이 많았다. 이들의 사고방식에 자리 잡고 있는 종교의 힘은 대단하다. 이들에게 있어 이슬람 알라(알라(ﷲ, Allāh))에게 기도하는 것이 공부하는 것보다 중하게 생각한다. 이렇게 우여곡절 끝에 한 학기가 훌쩍 지나가 버렸다. 한 주간의 짧고 달콤한 방학을 보냈다.

 2022년 새로운 학기가 시작 되어 9학년 두 번째 학생들을 모집했다. 기존에 있던 아파르 학생들 4명과 새롭게 들어온 다른 종족 학생들 3명이 들어왔다. 기숙사 학생들의 학년은 10학년 3명, 9학년 4명, 종교로는 무슬림 6명, 정교회 1명이었다. 학생들의 종교적 배경이 이슬람과 정교회이다 보니 금식이 문제가 되었다.

무지개 기숙사 전경

 이슬람의 라마단(Ramadan) 금식과 정교회의 부활절 금식이 있다. 이슬람의 라마단은 오전 06시 30분부터 오후 6시 30분까지 금식을 하고 이후 시간에는 모든 음식을 먹는다. 그리고 새벽 4시쯤 음식을 먹고, 다시 잠을 자고 정상적으로 아침에 일어나 학교에 간다. 이렇게 종교적 배경이 다르다 보니 기숙사를 운영하는 우리 입장에서는 애로사항이 한두 가지가 아니었다. 금식 기간에 일일이 학생들에게 매 끼니마다 음식을 준비하는 일은 여간 힘든 일이 아니었다. 나중에는 협의점을 찾아 음식을 준비했다.

정교회의 부활절은 오후 3시까지 금식을 하고 음식을 먹는다. 이때 음식을 먹을 때에도 유제품과 고기는 금하고 있다. 다행히 토요일과 일요일은 금식이 없다. 이런 금식을 60일 가까이한다. 참고로 에티오피아의 정교회는 전체인구 43%가 신자인데 이슬람보다 더 많은 숫자이다. 수도 아디스 아바바 인구 75%가 터와히도 정교회 신자이다. 도시민일수록 정교회 신자률이 높게 나타난다.

두 번째 학기를 지나면서 학생들 상호 간에 잘 어울리면서 생활을 했다. 종교적으로는 이슬람 학생들이 많았지만 새로 들어온 학생들이 친구이다 보니 잘 지내는 모양새다. 학기가 끝날 때가 다가오니 아파르 학생들 중 기숙사의 공동생활 규칙을 힘들어하던 학생 두 명이 집으로 돌아가기로 결정했다. 하지만 남아 있는 학생들에게도 문제가 생기기 시작했다. 한 학생의 아버지가 열병인 말라리아(malaria)에 감염되어 죽고 말았다. 그래서 할 수 없이 어머니와 가족을 돌보기 위해 집으로 가야 하는 상황이 발생했다. 다른 학생은 평소 가지고 있던 지병이 악화되면서 집으로 돌아가게 되었다. 그래서 학기가 끝났을 때는 3명의 학생만이 남게 되었다. 개인적인 사정들로 인해 기숙사를 떠나는 아이들을 보고 있으니 마음 한 곳이 텅 비어 있는듯하다.

2023년 2월에 새로운 3학기를 시작하면서 3명의 학생이 무지개 기숙사에 입주했다. 이들 중에는 우리 부부와 처음부터 무지개 기숙사와 함께 했던 학생도 있었다. 신규 4명의 학생이 들어오기로 결정이 되었다. 신입 학생들과 면담을 마치고 학생들에게 입실에 필요한 내용을 전달했다. 기숙사로 입주하는 날 소동이 일어났다. 지난 학기에 기숙사에서 생활했던 학생의 모친이 자신의 딸의 '성적이 떨어졌다'고 하면서 학용품을 달라고 요구하였다. 그렇지 않으면 '딸을 데리고 나가겠다'는 것이다. 할 수 없이 우리는 학생과 상담을 한 후에 기숙사를 떠나는 것으로 결정을 내렸다.

무지개 기숙사 아파르 종족 학생들

한바탕 소란이 있고 3학기를 시작하게 되었다. 3학기 때는 9학년 3명, 10학년 2명 11학년 1명으로 종교로는 이슬람 4명, 정교회 2명으로 시작하게 되었다. 새 학기를 시작하면서 기숙사 운영에 작은 변화를 주었다. 우리와 함께 사역할 현지인 사감을 세우는 일이다. 이유는 우리 부부가 아무리 학생들과 소통을 잘한다고 해도 외국인으로서 의사소통에 한계가 있었다. 이렇다 보니 우리보다도 학생들을 잘 알고 이해할 수 있는 의사소통에 탁월한 현지인 사감을 구하기로 했다. 또한 이번 학기부터는 우리 부부가 인도하던 아침 국민체조를 학생들에게 순번을 정해서 돌아가며 인도를 맡기기 시작했다. 학생들 중에는 잘하는 학생도 있고 어려워하는 학생들도 있었다.

　식사 시간만큼은 종족과 상관없이 다같이 사용할 공용어인 암하릭(Amharic)으로 대화하게 했다. 그러나 간혹 아파르 학생들 중 몇 명의 학생들은 아파르 종족 언어로 대화를 하면서 다른 종족과 어울리지 않으려 했다. 이 학생이 꾸란(이슬람의 경전)을 큰 소리로 읽어서 소리를 줄여 달라고 하니까 이 학생은 나에게 '사탄'이라고 했다. 또 이 학생이 우리 부부를 어떻게 보는지 아내가 물어보니 우리를 '동물로 본다'고 했다. 황당하기도 하고 참담하여 어이가 없었다. 이 일로 적잖은 충격을 받았다. 우리 부부를 향한 저들의 인식이 이 정도까지인가라는 생각에 마음이 복잡해 졌다. 더 많은 기도와 인내가 필요함을 느꼈다. 3학기가 끝나기 두 달 전쯤 사감으로 수고할 현지인 사람을 구했다. 물론 공동생활을 전제로 해서 고용하게 되었다. 함께 살면서 기숙사의 제반업무와 학생들과의 의사소통을 주로 담당하게 했다.

　매 학기가 끝나면 학생들에게 성적표가 나온다. 학생들은 성적표가 나오면 우리 부부에게 가지고 온다. 우리 부부는 "성적이 떨어지면 다음 학기에 기숙사에 입주 할 수 없다"는 말을 하니 학생들은 시키지 않아도 공부에 열중한다. 학생들은 성적표를 보여주며 다음 학기에 입사할 수 있는지를 우리 부부에게 물어본다. 나의 대답에서 "응 넌 들어올 수 있어"라는 대답에 웃으며 집으로 간다. 2023년 9월 4학기에는 우리가 기숙사를 현지인 사감에게 이양하고 기숙사 옆집으로 이사를 했다. 무지개 기숙사는 현지인 사감이 전반적으로 운영을 맡기고 도움이 필요시에만 우리가 협력하는 것으로 이양을 마무리 지었다.

　4학기 때는 나에게 '사탄'이라고 하고 우리 부부를 '동물'이라고 했던 아파르 학생들 두 명과 어머니가 아파서 어머니를 돌봐야 하는 아파르 학생 한 명을 포함해서 3명의 학생으로 시작했다. 새로운 학생은 한명 들어왔다. 또 기존에 있던 학생들 중에 한 학생은 공동생활에 적응하지 못하고 학기 중간에 나가는 바람에 결원이 발생하게 되었다. 그래서 현재는 3명의 학생이 무지개 기숙사에서 공동생활하며 학업에 열중하고 있다.

어머니가 아파서 집으로 돌아갔던 학생은 학기 중에 결혼을 하게 되었다. 이 학생은 무지개 기숙사 근처에 있는 도시 아와사 사바트에 와서 신부 화장을 했다. 우리 부부는 학생이 머물고 있는 곳에 찾아가 반갑게 이야기를 나눴다. 이 학생은 우리가 무지개 기숙사를 시작할 때부터 처음으로 들어와서 가장 오래 있던 장기 기숙사 생활을 했던 학생이어서 우리 부부에게는 애정이 남다른 학생이었다.

이 학생이 집으로 돌아가면서 우리를 자신의 결혼식에 초대했다. 우리 부부는 결혼식장에 가기 위해 만반의 준비를 하고 버스 정류장에 가서 2시간 이상을 기다렸다. 끝내 버스는 오지 않았다. 결국 우리는 결혼식에 참석을 하지 못해 아쉬웠다. 며칠이 지나서 결혼식 결혼사진과 신혼부부의 사진을 보내주었다. 우리 부부는 사진 속 신혼부부를 보는 것으로 만족해하며 축복을 기원했다.

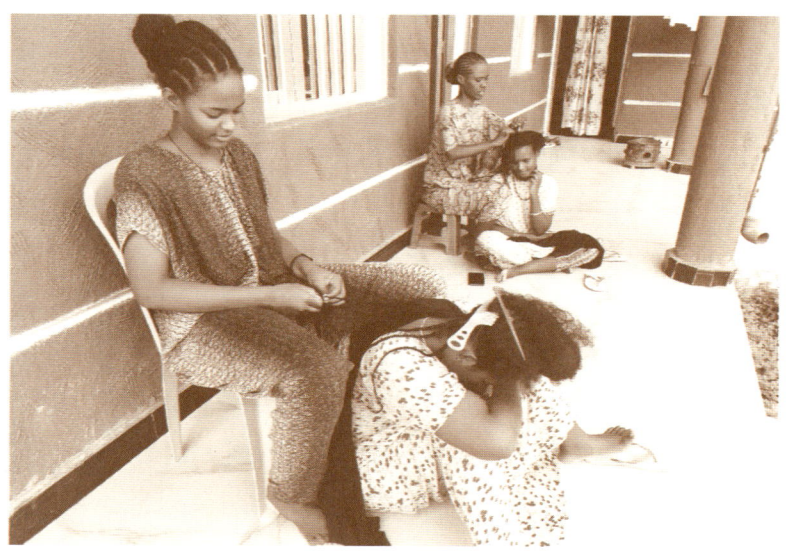

♠ 유치원(Kindergarten)의 시작은 이랬다

2023년 7월 미국에서 단기선교팀이 오면서 아파르 마을에 들어가 캠프 프로그램을 진행했다. 프로그램의 내용은 만들기 활동, 색칠하기 활동, 체육활동, 이야기 활동 등을 했다. 이야기의 내용은 성경 이야기를 이슬람식으로 각색해서 내용을 전달하고 아이들에게 질문하면 대답을 하는 식이었다. 아이들은 모든 활동에 적극적으로 참여하며 호응도가 아주 좋았다. 어떤 아이들은 태어나서 이런 활동을 해본 적이 한 번도 없었기에 신기하고 즐거워했다.

마침 에티오피아 정부에서 땅을 무상으로 준다고 해서 기다려서 땅을 받았는데 정부가 준 땅 앞에 이슬람 경전 꾸란을 가르치는 '이슬람경전학교'가 있어 주민들이 반발하고 나섰다. 그래서 정부와 다시 협의를 해서 다른 지역의 땅을 받기로 했다. 새로운 땅을 받아서 본격적인 건축을 하기 전에 우리는 먼저 창고를 만들었다. 그러자 당황스러운 상황이 발생했다. 갑자기 없었던 지주 3명이 땅 주인이라고 하면서 나타나 소유권 주장을 했다. 분명 정부 자료에 토지대장은 에티오피아 정부에 명의로 되어 있었는데 희한하게도 세명 모두 자신의 땅이라고 주장했다. 직접 나서서 처리하기보다 정부 관계자를 중재자로 세웠다. 중립적인 입장에서 난처하게 되었지만 정부가 나서서 깔끔하게 처리해 주었다. 토지문제가 정리되어 본격적으로 유치원 건축을 착수하게 되었다.

우리 부부가 유치원을 하려고 하는 이유는 예수 그리스도의 복음을 직접적으로 전하는 방법과 아파르 종족에 필요를 공급하며 복음을 전하는 간접 선교의 방법이 있다. 복음을 전하는 방법은 다양 하지만 현지에서 아파르 종족에 대한 인식과 사회적 위치는 매우 열악하여 타 종족들이 선호하지 않고 비호감을 갖는 종족이었다. 상대하기 꺼리는 종족이라는 것이다. 사회에 진출하여 영향력을 주는 유력한 사람들이 거의 없을 정도로 에티오피아 내에 고립되고 배타적인 대상으로 인식되어 있다. 현지에서 14년 동안 아파르 종족과 함께 일을 했던 현지의 말은 "아파르 종족은 생각이 좁고, 이기적인 종족"이라고 조언한다.

일전에 우리 부부가 교육청 관계자에게 유치원이 세워질 지역에 다른 종족이 얼마나 있는지 물어보았는데 역시나 다른 종족 사람들은 없고 아파르 종족 사람들만 거주한다는 것이다. 다른 종족과 사회적 교류나 소통이 단절되어 있었다. 그래서 이들에게 교육적인 필요를 채워주며 성경적 가치관을 심는 교육 선교로 접근하기로 했다. 이 아파르 종족과 아이들이 다른 종족과 잘 어울려 살기 위해서는 생각과 행동이 바꿔야 할 부분이 많다. 한순간에 사람들이 변하는 것은 애초부터 기대하지는 않지만 갈 길이 멀게 느껴진다. 하지만 복음만이 가능케 할 수 있다. 이 세상과 사람들이 방법론으로 바뀌었다면 천지가 개벽할 일이지만 반대의 결과로 나타나고 있다. 교육의 효과는 미미하지만 복음의 능력은 전혀 다른 차원의 것이기 때문이다.

우리 부부가 요한일서 3장 18절의 말씀을 붙잡고 유치원 아이들을 사랑의 행함과 진실로 대한다면 반드시 변화될 것이고 예수님을 구주로 믿는 경건한 복음의 세대들이 세워질 것으로 확신하기 때문에 에티오피아의 미래를 책임질 하나님의 사람들이 복음으로 새롭게 되기를 바라는 간절한 마음으로 유치원을 개원하려는 이유이다.

자녀들아 우리가 말과 혀로만 사랑하지 말고 행함과 진실함으로 하자
Dear children, let us not love with words or tongue but with actions and in truth.(요한일서3장18절, NIV)

　현재 '코마메' 기숙사는 현지인 사감에게 모든 운영권을 이양하여 잘 운영되고 있다. 우리 부부는 기숙사 사역을 내려놓고 아파르 종족 어린이들을 위한 유치원 사역에 매진하고 있다. 유치원 사역을 하기 위해서 그동안 정부가 제공한 부지가 확보되어 2024년 4월 24일 유치원 건축의 착공이 시작되었다. 우리 부부는 매일같이 공사현장에 나가 일꾼들에게 필요한 것들이 없는지 살뜰히 챙기며 돕고 있다. 하루속히 완공되기를 손꼽아 기다리고 있다. 이러한 나의 마음을 모르는지 공사에 필요한 자재 공급이 원활하지 않아 중단되기도 하고 하염없이 기다려야 할 때면 마음이 답답해진다. 매일 같이 손 모아 기도하며 손꼽아 완공될 유치원을 기다린다.

　우리는 소망한다. 세워진 유치원에서 복음으로 자라난 아이들이 우리를 대신하여 에티오피아 미래를 책임질 복음의 일꾼으로 성장하기를 기도한다. 우리는 우리의 시간만큼 일부분을 감당하며 생을 마감한다. 하지만 하나님은 인류 역사 전체를 주관하며 오늘도 일하신다. 건조한 사막 한복판에서 아무런 희망도 미래도 보이지 않는 간곤(艱困)한 이곳에 복음의 바람, 성령의 바람, 부흥의 바람이 일어나기를 소망한다.

　우리 부부는 오늘도 기도한다. 쓰러진 자리에서, 막혀버린 자리에서, 방법이 없어 보이는 막다른 길에서, 모든 관계가 끊어진 사이에서 우리의 발길을 멈춘다. 우리는 안다. 멈출 때 멈추는 것이 하나님의 방법이고 우리를 대신해서 일하심과 인도하심을 보기 원하신다는 것을 안다.

선교는 하나님의 열심이 감당하시는 사역이다. 하나님의 전문 분야이다. 제아무리 나의 생각, 계획, 상황에 맞아떨어지더라도 하나님의 인도를 받아야 한다. 때로는 생각지도 못한 상황 속에 내몰릴 때도, 인간적인 기대와 관계가 사라지는 현실에서도, 몸부림쳐도 아무런 응답이 없는 그때에도 하나님은 우리의 삶에서 함께 하시고 일하고 계신다.

우리는 하나님 나라의 일꾼의 한 사람이다. 마흔에 선교사로 부름 받아 다소 늦은 출발일지 모르지만 나를 보내신 하나님은 다 계획이 있었다. 일꾼은 그냥 맡겨진 일에 충성하는 것이다. 아무 생각 없이 그저 주인 되신 하나님이 기뻐하실 수 있는 결과를 내기 위해 오늘도 일꾼의 한 사람으로 에티오피아 아파르 종족을 위한 일꾼으로 영원히 남고 싶다.

♠ 땅끝 거인 '오뜨기' 가족 이야기

이제부터는 우리 가족 이야기를 해보려고 한다. "오뜨기 가족" 어쩌면 에티오피아 아파르 종족이 있다면 한국에서 선교사로 부름받아 이국만리 에티오피아에 정착한 우리 가족이야말로 아파르 종족의 관점에서 보면 한국에서 온 '소수부족'이 아닐까 싶다. 모든 것이 낯선 타 문화권에 대한 이질감 등등 우리는 에티오피아에 이제 막 정착하는 완전 촌뜨기인 셈이다. 이제 우리 '가족 다섯 명'과 '촌뜨기'의 합성어의 의미로 '오(五)뜨기 가족'이라 이름을 붙여 보았다.

2015년 12월 처음에 에티오피아에 올 때는 우리 부부와 막 세 돌이 지난 아들과 5개월 된 딸 이렇게 4명의 가족이 왔다. 어린아이들은 한국에 살 때 아파트 문만 나가면 자기가 좋아하는 떡 가게가 있어 매일 떡을 사 먹고, 아이스크림 가게가 있어 아이스크림을 먹었는데 에티오피아에 와서는 맛집 투어(?)를 할 수 없었다. 아이들에게 참을 수 없는 고통이었고 우리 부부에게는 떡과 아이스크림을 만들어 줄 수 있는 상황도 아니었다. 우리는 매일 같이 언어공부에 지쳐 있었다. 아이들은 아이들 나름의 불만이 쌓여 갔고 우리 부부에게는 낯선 이국 생활환경으로 인해 힘든 적응의 시간이었다. 양육의 일을 병행해야 했기에 온 가족은 지칠 때로 지쳐가고 있었다.

에티오피아의 생활에 어느 정도 적응이 되고 보니 시간을 내서 일주일에 한번은 집에서 버스 타고 30분쯤 가면 카페가 있는데 이 카페에서 커피와 아이스크림을 팔았다. 그래도 일주일에 한번 맛볼 수 있는 아이스크림으로 아이들의 소원을 풀어주었다. 하지만 문제가 생겼는데 이슬람 라마단 금식 기간이나 정교회 금식 기간에는 아이스크림을 팔지 않아 사 먹기가 매우 어려웠다. 9년이 지난 요즘은 아이스크림 가게도 많아졌고. 금식하는 사람들을 위한 금식용 아이스크림을 팔아서 아이스크림을 사 먹는데 어렵지 않다.

에티오피아는 아직까지 전기 공급이 원활하지 않다. 그러다보니 집집마다 손전등과 숯(charcoal)이 필수품이다. 현지인들은 전기 공급이 중단되면 바로 숯으로 음식을 한다. 우리도 적응하면서 숯을 이용해 음식을 조리하고 있다. 원시적으로 사는 생활이 불편하기도 하고 "편리했던 한국 생활이 얼마나 좋았는지" 이제 와 알게 되었다. 좋을 때는 좋은 것을 모르고 지나간다는 것을 말이다.

에티오피아에 정착하면서 대중교통을 주로 이용하면서 휴대폰을 많이 잃어버렸다. 찾을 방법이 없기에 고액의 휴대폰을 매번 구입하는 것이 어려워 요즘은 현지인들과 비슷한 현지 저가 휴대폰을 사용한다. 부담 없이 사용하고 있는데 분실해도 부담이 없다. 어쩌면 휴대폰 만큼은 현지화가 빨랐다.

에티오피아에 정착한지 1년이 되어갈 때쯤 가족들이 다 아팠던 적이 있었다. 그때 현지인 언어를 가르쳐 주었던 선생님이 원주민 음식 요법이 있었는데 레몬즙을 짜서 함께 먹어야 하는 야채가 있다는 것을 알려주었다. 그다음부터는 탈이 나지 않았다. 현지인들의 생활방식이나 민간요법은 오랜 세월 축적된 삶의 체득으로 전해진 토착 처방인 것이다. 우리처럼 에티오피아 적응에 초짜인 오뜨기 가족에게 유용한 정보가 되었다.

2017년 초 하나님께서 우리 가정에 셋째 아이를 주셨다. 현지 생활에 익숙해져 어느 정도 여유를 즐길 수 있을 때가 되니 하나님이 셋째를 허락하신 것 같다. 우리 부부는 "셋째는 남자 아이면 좋겠다"는 생각에 "아들을 주시면 감사하겠다"고 기도를 했다. 이유는 첫째인 아들과 친구가 되어 함께 놀아주길 바라는 마음에서였다. 하지만 셋째가 태어났는데 딸이 태어났다. 기대는 어긋났지만 우리에게 가장 큰 선물, 기쁨이 되었다. 이렇게 우리 부부와 1남 2녀의 가족이 되었다. 한국에서 셋째를 출산하고 5개월 만에 에티오피아로 들어왔다. 셋째 아이는 어느덧 우리의 기도처럼 오빠를 잘 따라다니며 놀고 있다. 그리고 언니와도 좋은 친구의 역할을 하고 있다.

셋째 아이를 출산하고 에티오피아에 들어온 지 얼마 안 되어 우리 지역에 새로운 가정이 이사를 오게 되었다. 감사하게도 이 팀멤버의 아이들이 우리 첫째 아들과 둘째 딸하고 같은 또래 친구였다. 우리 아이들은 동갑 친구가 없다가 생기니 너무 좋아했다. 지금도 떨어져서 살고 있지만 우리 아이들이 가장 좋아하는 친구가 되었다.

에티오피아의 생활은 원주민들 지역에 거주하며 살고 있다. 처음에는 언어습득에 도움이 될 것 같아서 살았는데 막상 도움이 되는 것은 한두 가지가 아니었다. 동네 사람들과 친해지는 것도 있고 원주민들이 우리 가정을 보호해 주는 것을 알게 되었다. 현재 우리 가정은 아파르 종족의 집을 얻어 생활하고 있다. 구조는 방 두 칸과 화장실, 주방 정도이다. 우리 아이들이 학교에 다녀오면 집주인 아이들과 같이 논다.

아이들과의 추억을 이야기하면 코마메에 밤이 되면 전기가 끊어진다. 아이들은 집 밖으로 나가 하늘을 바라본다. 그러면 하늘에 떠 있는 수많은 별들을 볼 수 있었던 것과 별자리를 찾으려고 했다. 수도인 아디스 아바바에서 코마메를 들어가려면 '쇼와로빗'이라는 도시에서 1박을 하고 들어가야 했는데 그때 이용했던 호텔에서 사슴을 키웠다. 아이들은 호텔에서 사슴에게 먹이도 주고 놀이터도 이용하면서 즐거운 시간을 보냈다. 쇠똥구리가 집에 들어왔는데 쇠똥구리인지 모르고 키우려고 했던 적도 있었다.

우리 아이들의 교육은 현지 학교에 입학했다. 원래 학년 보다 낮춰서 학교에 들어갔는데 아이들이 다 좋아하고 있다. 현지 학교를 갔을 때 처음에는 익숙하지 않고 어색해서 막내 같은 경우는 두 달을 같이 등교해서 교실에 앉아있다가 오곤 했다. 이제는 아이들이 적응을 잘해서 스스로 학교에 다니고 있다. 가끔 학교에 볼일이 있어서 갈 때 막내 아이는 조회할 때만 같이 있어 달라고 하지만 그 후에는 교실에 들어가서 수업을 잘 받는다.

외국인으로서 현지인 학교를 보내는 일을 쉬운 일이 아니다. 더군다나 선진국 한국에서 공부했던 아이들이 에티오피아 작은 도시학교로 유학을 온 셈이다. 아이들을 현지 학교를 보내는 이유는 여기서 학력을 가지려는 것보다 현지 친구들을 사귀고, 현지어를 배우기 위한 교육 목적이 있다.

에티오피아에서의 선교 비전과 계획을 나누면서 글을 마치려고 한다. 우리의 선교 비전은 재생산이 가능한 아파르 신앙 공동체를 세우는 것이다. 아직 우리를 통한 회심자는 없지만 계속 아파르 사람들과 교제를 하면서 복음을 전하면 그들 가운데 회심자가 나올 것이라고 기대를 하고 있다.

처음 에티오피아의 아파르 사람들을 품고 왔을 때 주셨던 로마서 1장 14절의 '빚 진자'인 우리 가정이 아파르 사람들에게 빚을 갚기 위해서 그들의 다음 세대인 아이들을 만나고 아이들 위한 교육 선교를 통해 예수 그리스도의 사랑을 보여주고 그 사랑을 본 다음 세대와 부모 세대가 다

주님 앞으로 돌아와서 그들 스스로 재생 가능한 공동체를 만드는 것을 기도하며 사역의 방향을 잡고 있다. 하나님께서 우리를 통해 이루어 가실 것을 확신 한다.

헬라인이나 야만인이나 지혜 있는 자나 어리석은 자에게 다 내가 빚진 자라. I am obligated both to Greeks and non-Greeks, both to the wise and the foolish.(로마서 1장14절, NIV)

'땅끝 거인' 에티오피아 백승훈 선교사와 카카오 친구 맺기를 통해 지속적인 기도와 후원을 할 수 있습니다. 여러분의 기도와 후원으로 아름다운 선교사역에 동역자로 동참할 수 있습니다.

갈보리 산 위에

갈보리 산 위에 십자가 섰으니 주가 고난을 당한표라
험한 십자가를 내가 사랑함은 주가 보혈을 흘림이라
최후 승리를 얻기까지 주의 십자가 사랑하리
빛난 면류관 받기까지 험한 십자가 붙들겠네

멸시 천대받은 주의 십자가에 나의 마음이 끌리도다
귀한 어린양이 세상 죄를 지고 험한 십자가 지셨도다
최후 승리를 얻기까지 주의 십자가 사랑하리
빛난 면류관 받기까지 험한 십자가 붙들겠네

험한 십자가에 주가 흘린 피를 믿는 맘으로 바라보니
나를 용서하고 내 죄 사하시려 주가 흘리신 보혈이라
최후 승리를 얻기까지 주의 십자가 사랑하리
빛난 면류관 받기까지 험한 십자가 붙들겠네

주님 예비하신 나의 본향 집에 나를 부르실 그 날에는

영광중에 계신 우리 주와 함께 내가 죽도록 충성하리

최후 승리를 얻기까지 주의 십자가 사랑하리

빛난 면류관 받기까지 험한 십자가 붙들겠네[7]

이것들을 증언하신 이가 이르시되 내가 진실로 속히 오리라
하시거늘 아멘 주 예수여 오시옵소서(계시록 22장 20절)
λεγει ο μαρτυρων ταυτα ναι ερχομαι ταχυ αμην
ναι ερχου κυριε ιησου

---

7. 찬송가 150장 '갈보리산 위에' 가사이다. 백승훈 선교사가 꼽은 가장 좋아하는 찬양이다.

땅끝 거인 5.

하나님 나라 확장과 선교 완성을 위한 갈망의 소고

땅끝 거인 5.
하나님 나라 확장과
선교 완성을 위한 갈망의 소고

최종오 목사

1992년 창립한 행하는사람들 글로벌선교회(APGM) 대표와 행하는사람들교회를 섬기고 있다. 열방으로 흩어진 복음의 씨앗인 '땅끝 거인'들이 더 잘하는 선교, 더 잘되는 선교를 위해 합력하고 있다.

❖ **우리의 자화상**

한국교회의 순수했던 복음의 열정은 사라지고 찰싹거리는 파도짓에 죽은 조개껍데기처럼 떠밀려 세상 밖으로 밀려나고 있는 기독교는 그 생명력과 역동성은 오간 데 없고 형식과 외식으로 점철되어 20세기를 넘어 21세기에 들어 마땅히 설 곳을 찾지 못해 맛 잃은 소금처럼 세상에 밟혀 으스러지는 지경에 이르렀다. 회칠한 무덤으로 변질된 기독교는 자정 능력의 상실로 인해 변혁의 주체에서 개혁의 대상이 된지 오래다.

예수님은 마지막 성만찬에서 "너희 중에 한 사람이 나를 팔리라"라고 했다. 그러자 가룟 유다(Judas Iscariot)는 "랍비여 나는 아니지요?"라고 예수님께 반문한다. 하지만 예수님은 이러한 가룟 유다의 정체를 이미 간파했을 뿐만 아니라 처음부터 알고 있었다. 오늘도 혹자들은 오늘날의 가룟 유대처럼 '우리 선교 단체, 교단, 교회, 가정, 직장, 학교, 나는 아니지요?'라고 반문할 수도 있을 것이다. 가룟 유다가 본심을 숨기고 마지막 성만찬에 참여하여 열두 제자로서 예수 그리스도의 구속사를 완성하는 마지막 비극적인 배역을 성공적으로 연기했던 것처럼 말이다.

구세군의 창립자인 윌리엄 부스 (William Booth, 1829~1912)는 '20세기에 당면한 가장 큰 위험을 무엇이라고 생각하는가?'에 대한 질문에 다음과 같이 답했다.

"The chief danger of

the 20th century will be religion without the Holy Spirit, Christianity without Christ, forgiveness without repentance, salvation without regeneration, politics without God, and heaven without hell."

"성령 없는 종교, 그리스도 없는 기독교, 회개 없는 용서, 중생 없는 구원, 하나님 없는 정치, 지옥 없는 천국이 될 것이다." 윌리엄 부스의 100년 전의 예견이 그대로 적중하여 이제 기독교의 영향력은 그 중심에서 주변부로 밀려나고 있다.

21세기 기독교는 전 세계적인 큰 부흥의 월드 투어 콘서트를 마치고 텅 빈 무대가 치워지기를 기다리는 듯 아무도 열광하지도, 찾지도 않는 텅 빈자리만 남아 있는 것 같다. 탈(脫) 기독교 현상은 탈 교회 현상으로 나타나고 있다. 한때는 부흥을 주도하고 선교에 앞장섰던 한국교회는 점점 그 역동성이 쇠락되어 그 힘을 잃어가고 있다.

무엇이 문제였을까? 그때는 맞았고 지금은 틀렸다고 한다면 그때도 틀린 것이다. 진리는 반드시 수적 부흥을 전제로 하지 않는다. 진리는 과거, 현재, 미래에도 진리여야 한다. 이 진리를 담은 '제도적 교회'에 치명적인 오류가 있다. 예수 그리스도는 복음서에서 "새 술은 새 부대에 담아야 한다"라고 설파했지만, 진리를 담은 우리의 현실은 새 술도, 새 부대도 잃어버린 상태로 세파의 역사 속에서 맴돌고 있는 듯하다. 무엇을 담고, 무엇을 버려야 할지를 망각했다. 그간 새 술은 잃어버렸고 새 부대는 준비되지 못했다. 교회의 부흥과 성장이라는 미명하에 너무나 많은 것들을 타협하면서 거룩성과 성결성을 상실했다.

한국교회에 부흥과 성장의 때는 되돌릴 수 없다. 역사가 증명하듯 심은 대로 걷는 자연의 원리처럼 오늘의 기독교와 교회의 모습으로 열매가 되어 결실한 것뿐이다. 근래에 기독교 단체들이 개최한 연합 초대형집회의 인원 동원 실패로 인해 선뜻 대형집회 개최를 꺼리고 있는 형편이다. 한국교회의 부흥 시기에 있었던 심령대부흥 성회, 부흥사경회, 초교파 세미나, 연합 전도, 연합 성시화 집회, 연합 기도회, 연합 수련회 등등 더는 재현될 수 없을 정도로 관심 밖으로 밀려났다. 전국 방방곡곡에서 울려 퍼졌던 기도 소리는 운영이 어려워 기도원을 철거하는 장비의 굉음으로 기도 소리를 대신하고 있다.

21세기는 기독교의 위기인가? 기회인가? 예수 그리스도의 성육신 사건 이후부터 역사적으로 복음의 기회는 주어지지 않았다. 복음은 항상 위기에서 기회로 반전시켜 역사를 지탱해 왔다. 그것이 복음의 능력, 십자가의 능력, 성령의 능력, 믿음의 선진들의 순교와 희생으로 위기에서 하나님의 섭리를 깨달은 소수의 사람이 믿음의 삶으로 증거를 얻어 하나님의 역사를 이루어가시는 신비한 방식이다. 때로로 축복으로, 때로는 고난과 핍박으로, 부흥과 성장으로, 희생과 순교로 역사를 다룬다.

한 알의 밀알이 죽으면 많은 열매를 맺는다. 그 씨앗이 어디에 묻히든 상관이 없다. 그것은 시대적인 환경, 조건의 문제가 아니라 생명의 문제다. 씨앗에는 다음의 역사를 책임질 생명을 담고 있다. 존재적으로 씨는 생명이 있다. 종족 번식의 본능처럼 복음의 씨앗이 21세기 탈 기독교, 탈 교회, 반기독교 다수가 하나님을 향해 새 바벨탑을 쌓는다고 할지라도 십자가의 복음의 능력 앞에 무너지고 말 것이다. 그것이 바로 복음의 생명력이다. 이 생명력은 소수 하나님 사람들의 순종을 통해 모든 민족에게 전파되기 때문이다. 세상을 변화시킬 힘은 인간에게 있지 않다. 오직 복음만이 인간과 세상을 변화시킬 수 있다.

> 환난과 핍박 중에도 성도는 신앙 지켰네 이 신앙 생각할 때에 기쁨이 충만하도다 성도의 신앙 따라서 죽도록 충성하겠네 옥중에 매인 성도나 양심은 자유 얻었네 우리도 고난받으면 죽어도 영광되도다 성도의 신앙 따라서 죽도록 충성하겠네 성도의 신앙 본받아 원수도 사랑하겠네 인자한 언어 행실로 이 신앙 전파하리라 성도의 신앙 따라서 죽도록 충성하겠네 -아멘-(찬송가 336장)

교회는 모든 세대(all generation)에 유일한 희망이 될 뿐 아니라 마지막 보루(bastion)가 되기 때문이다. 그 이유는 유일하게 교회가 세상에 없는 십자가의 복음(福音)을 담고 있기 때문이다. 십자가의 복음을 소유한 교회는 이 세상에 존재하는 모든 조직과 차별성을 갖는 준거가 된다. 이것이 교회가 세상에 존재해야 하는 이유와 당위성을 갖는다. 예수 그리스도는 성부 하나님이 세상을 이처럼 사랑하사 독생자를 보내신 사랑의 증거이시다. 그는 세상의 심판자가 아닌 구원자로서 하나님의 사랑을 실행하신다.

21세기 십자가의 복음은 모든 세대에 유일한 희망(hope), 치유(healing), 평안(peace)을 주는 능력이 있다. 예수 그리스도는 갈피를 잡지 못하고 방황하는 모든 인류에게 길이요(The Way), 진리요(The Truth), 생명(The Life)이신 예수 그리스도의 생생한 십자가의 복음만이 살길이요. 유일한 구원의 길이 되기 때문에 예수 그리스도는 독보적인 우위를 점하고 있다. 따라서 상황적으로는 한국 교회 쇠락의 현상은 착시현상에 불과하다. 쇠락의 끝에는 참된 믿음, 참된 헌신, 참된 순종이 시작된다. 하나님은 하나님의 열심으로 인류의 역사 안에서 반전과 역전을 이루어 하나님의 역사를 이루어 가시는 분이기 때문이다.

> 다른 이로써는 구원을 받을 수 없나니 천하 사람 중에 구원을 받을 만한 다른 이름을 우리에게 주신 일이 없음이라 하였더라.
> Salvation is found in no one else, for there is no other name under heaven given to men by which we must be saved.
> (사도행전 4장 12절, NIV)

❖ 포스트 팬데믹 (post-pandemic)

2020년 1월 20일 코로나바이러스 감염증(COVID-19) 첫 발병으로 시작하여 2023년 5월 11일 대한민국 정부는 '코로나19' 종식을 선언했다. 3년 4개월의 팬데믹(Pandemic)을 지나면서 21세기 들어 가장 강력한 분기점으로 팬데믹 이전과 이후로 나눌 수 있을 만큼의 세계적 파문을 불러왔다.

설상가상으로 교회에 불어닥칠 우려가 현실 되어 나타났다. 2021년 10월 당시 '예배 회복을 위한 자유시민 연대'는 '코로나19' 기간 동안 정부의 규제로 교회 1만여 곳이 문을 닫았다고 발표했다. "보건복지부가 최근 1만 6,403개의 종교시설을 현장 조사한 결과 폐쇄된 교회가 16%로 나왔다"라며 "한국교회를 6만 5,000개라고 했을 때 1만여 교회가 폐쇄됐다는 말"이라고 강조했다.[1] 이러한 지표에도 포스트 팬데믹 이후 정확하게 교회가 한시적 집합 금지 명령으로 일시 폐쇄되었는지, 영구 폐쇄되었는지 정확한 집계라고 볼 수 없다. 하지만 팬데믹의 시간을 지나면서 교회 집합 금지 명령으로 교회 재정과 운영에 심각한 손실을 주었다.

또한, 개척교회는 150여 개 교단에서 지정·관리하고 있지만, '코로나19' 이후 문을 닫은 개척교회 수는 확인할 방법이 없다. 목사가 교회 문을 닫은 뒤 무임 목사로 일정 기간을 보내면 교단 규정에 따라 면직돼 별도로 폐쇄 신고를 하지 않는 상황도 빈번하기 때문이다. 개척교회를 다른 중·대형 교회가 흡수하며 기형적인 교회를 만드는 사례까지 나타나고 있다. 재정이 열악해진 개척교회 목사와 성도를 중대형 교회 등이 합병한 뒤 1~2년 후에 중대형 교회가 담임목사를 맡는 방식이다. "일부 중·대형 교회에서 개척교회 월세 지원책도 꺼냈지만, 한 달 임차료에도 미치지 못하는 수준이어서 2만 개가 넘어설 것으로 추산된 개척교회 상당수는 흡수 통합되는 처지에 내몰릴 것으로 보인다"라고 말했다.[2]

팬데믹의 전과 후는 많은 것들에서 이전과는 다른 새로운 패러다임의 변화를 가져왔다. 교회의 회복은 더디게 나타나고 있지만 신뢰할 만한 통계나 집계 지표는 부족한 상태이다. 교단에 속한 교회는 다행히 관리되고 있지만, 그 밖에 교회들은 정확한 피해 규모와 관리에서 배제되고 있다. 각자도생(各自圖生)의 생존방식으로 존립이 어려운 궁지에 내몰리고 있다.

중·대형 교회는 팬데믹을 극복하고 예전의 모습으로 회복 중이지만 같은 기간 개척교회와 미자립교회, 영세한 선교 단체들은 생존을 위한 생계 위협 속에 노출되어야 했다. 한국교회 상황이 이렇다 보니 선교 재정 지원이나 선교정책 자체를 축소하거나 삭감하는 등의 후속 조치가 이루어졌다. 선교 현장에 있는 선교사들의 고충은 이루 말할 수 없을 정도로 심각했다. 또한, 교단과 교회의 위기 상황에 따른 대응 과정에서 가장 큰 피해를 직접 받았다. 누구 하나 선뜻 나서서 '함께', '우리', '같이'라는 말 한마디 할 수 없는 상황이었다.

현재 정부는 복지 사각지대에 있는 대상자들을 찾아 지원하는 사업을 활발히 전개하고 있지만, 정작 개척교회, 미자립교회, 영세한 선교 단체의 현실적 재정 사각지대에 내몰려 현상 유지조차 막막한 가운데 있다. 재정 지원과 후원의 사각지대에 놓인 선교사, 선교지, 사역은 생존 자체가 불가능한 상태까지 내몰려 철수하는 사례까지 비일비재하게 나타났다.

최근 한국선교연구원(KRIM)의 자료에 따르면 2023년 한국교회가 파송한 한국 국적 장기 선교사는 174개국 21,917명으로, 전년과 비교하면 약 1.3%(287명) 감소한 것으로 나타났다. 장기 선교사 수는 2020년 168개국 22,259명에서 2021년 167개국 22,210명, 2022년 169개국 22,204명으로 팬데믹은 끝났지만 여전히 선교사 감소추세에서 벗어나진 못하고 있다.

또한, 장기 선교사 평균 연령은 2020년 52.1세에서 2021년 52.5세로, 2022년 53.1세에서 2023년 53.7세로 2021년부터 매년 평균 0.6세씩 증가했고, 10년 이내 은퇴 대상자인 60대 이상 선교사는 전체 선교사의 29.36%(6,435명)를 차지해 급속한 선교사 고령화 현상과 함께 선교사 은퇴 문제가 대두되었다. 이와 동시에 30~40대 선교 동원을 위해 한국교회의 사회적 이미지 제고와 다음 세대 선교 동원 및 선교 훈련이 한국교회 선교의 중요 과제로 나타났다.[3]

한국 선교는 이제 위기를 넘어 심각 수준의 범주를 넘어서고 있다. 한국교회의 성장 감소와 쇠퇴, 선교사의 고령화, 선교지의 공백 사태, 선교사 지원율 저하, 국제정세의 불확실성, 이상 기후 변화 등은 미래 선교에 있어 풀어야 할 위험요소가 되고 있다. 국제정세의 불확실성은 킹 달러(king dollar) 고환율 정책은 잠재적 위험(potential risk) 요소 중에 하나라 하겠다. 이러한 표면적 문제점보다 더 큰 문제는 선교에 대한 영적 무관심 즉 현세주의와 세속화이다. 믿음의 사람들이 세상에 동화되어 현세 지향적 성공과 기복으로 전락하고 있다.

2024년 10월 현재 팬데믹의 시간이 지났지만 팬데믹 이전처럼 교회의 회복은 더디게 나타나고 있다. 이탈된 성도들은 돌아오지 않고 재적 교인으로 관리되고 있는 형편이다. 또한, 초교파 신학대학교, 교단 산하 신학대학교 지원자 수는 해마다 줄어 정원 미달이 되고 있다. 상위 과정인 신학대학원 진학률도 현격히 줄어들어 전공학과를 축소거나 학위과정을 통합 운영하고 있다. 교단 목회자 양성에도 적신호가 켜진 셈이다. 학위를 소지했고 관련 전문 훈련을 이수했더라도 교회 개척, 선교사 지원자는 소수에 불과한 상황이다.

 가장 큰 교계 이슈는 한국 기독교계에 불어닥친 집합 금지명령(대면 예배 금지) 이행에 따른 찬반 입장이었다. '진보와 보수'라는 정치 논쟁으로 비화 되어 대립을 둘러싼 교계의 찬반 갈등은 돌 일킬 수 없는 갈림의 갈등구조로 분열되기 시작했다. 진보 성향의 교회와 목회자는 '교회 폐쇄와 집합 금지는 방역적 측면에서 정부 방침에 적극적인 수용해야 한다'는 견해를 밝힌 데 반해 보수 성향의 교회와 목회자는 '예배라는 영적 영역에 국가의 행정력으로 제재 혹은 통제해서는 안 된다'는 태도를 보였다. 이것이 교계의 분란의 불씨가 되었다. 일관되고 통일되지 못한 교계의 입장 표명을 하지 못해 대응의 한계를 여실히 드러냈다.

 또한 '집합 금지 행정명령'이나 '대면 예배 금지'는 단순히 방역 방법의 문제만이 아니라 교회 재정운영에 막대한 피해를 초래했다. 이러한 문제는 교회의 운영과 유지에 영향을 줄 뿐만 아니라 재정수입의 문제는 교회에 직접적인 영향을 주었다. 결과적으로 타 종교시설 중 유독 교회가 방역의 주된 표적 시설이 되어 희생과 고통을 감내해야 했다.

 현재 경제는 고금리, 고물가, 고환율이라는 삼중고에 시달리고 있다. 이러한 연쇄적 어려움은 후원에 의존하는 선교사에게 있어 청천벽력 같은 상황에 직면하게 했다. 교회 재정수입의 손실은 고스란히 선교정책에 빠르게 반영되어 고스란히 선교사와 사역지에 몫으로 전가되었다. 팬데믹이 가지고 온 위협에 선교사들은 속수무책으로 코로나에 감염되거나 일시 철수, 일시 중단 및 폐쇄, 선교비 감액 및 중단, 선교 지원 철회, 장·단기 선교사 파송 보류 및 연기, 선교 프로젝트 삭감 등등의 실질적인 재정 지원의 중단으로 인해 고초를 겪었다.

속수무책으로 벌어진 이러한 상황에서 우리는 무엇을 배우고 어떻게 대처할 것인가는 우리의 몫이다. 타산지석(他山之石)의 혜안으로 1세기 마지막 예수 그리스도의 지상대명령(地上大命令)을 21세기에 수행할 지상교회를 폐쇄하거나 해체 시키고자 세상은 지혜를 모아 도전하고 있다. 눈에 보이는 건축된 교회는 세월이 가면 노후 되거나 역사 속으로 사라진다. 하지만 본질적 교회 즉 거듭난 하나님 백성들은 폐쇄되거나 해체될 수 없다. 영원히 보존되고 존재한다.

예배란 본질상 시간, 장소, 규모, 시스템, 형식에 문제가 아닌 예배자의 중심적 측면인 '믿음'으로 전심을 다 해 모든 가치를 하나님께 산 제물로 드리는 믿음의 행위이다. 예수 그리스도의 대속죄의 은혜로 말미암아 이제는 내가 죽고 내 안에 그리스도가 왕으로 하나님 나라의 영광된 백성으로 살기로 작정할 뿐만 아니라 날마다 그 성호를 찬양하며 영과 진리로 드려지는 모든 예배는 하나님께서 찾으시는 예배자일 뿐만 아니라 흠향(歆饗) 하는 예배가 된다.

아벨은 가인보다 더 나은 예배를 드렸다. 그 주된 이유는 '믿음'이라고 밝히고 있다. 시간, 장소, 제물, 정성, 환경, 상황이 예배의 본질이 아니다. 예배의 본질은 '믿음'이다. 예배의 성립과 전제는

'오직 믿음'이다. 하나님은 십자가의 은혜로 구원받은 하나님의 백성들이 날마다 살아계신 하나님을 인정하고 그에 따른 감사와 영광을 믿음의 고백으로 드리는 행위를 기뻐하신다.

> 믿음으로 아벨은 가인보다 더 나은 제사를 하나님께 드림으로 의로운 자라 하시는 증거를 얻었으니 하나님이 그 예물에 대하여 증언하심이라 그가 죽었으나 그 믿음으로써 지금도 말하느니라.
> By faith Abel offered God a better sacrifice than Cain did. By faith he was commended as a righteous man, when God spoke well of his offerings. And by faith he still speaks, even though he is dead. (히브리서 11장 4절. NIV)

팬데믹은 그동안 한국교회가 견지해 온 대면 예배를 스스로 자기를 부정하거나 공신력을 약화시키는 결과를 낳게 되었다. 믿음생활의 중심적 위치에 있는 예배는 상황 주의와 기준의 모호성으로 인해 자기모순이라는 함정에 걸려들고 말았다. 이로 인해 혹자들은 '예배'의 본질이 부각되어 외형적인 형식과 장소, 시간에 국한할 수 없는 하나님과 예배자의 중요성이 발견되거나 그동안 제도적 교회의 편의적 운영 수단이 되었다는 사실을 부정할 수 없게 되었다. 어쩌면 편의적으로 상황과 조건을 달리했던 기준과 원칙들이 비본질적인 요소가 본질로 둔갑시켜 몽매한 예배자로 앉혀 놓았다는 불신을 떨칠 수 없게 되었다.

❖ 자가당착, 신앙의 자유 시대선언

'코로나19' 3년 4개월의 침묵의 시간 동안 교회 생태계에는 어떠한 일이 일어났는가이다. 대면과 비대면 예배의 쟁점화가 되었다. 팬데믹은 '대면 예배 금지'라는 초유의 사태가 발생했다. 일제강점기에도 신사참배를 거부하며 굴하지 않고 교회 폐쇄에 대항하여 옥고를 치르며 '죽으면 죽으리라!' 일사각오(一死覺悟)로 지켜온 한국교회는 코로나 방역상황에서 사회적 거리 두기의 행정명령은 대면 예배 금지(집합 금지)로 이어졌다. 이러한 행정명령은 한국 사회의 정상적 기능들을 마비시켜 한 번도 경험해 보지 못한 상황이 장기간 이어졌다.

이에 공(公) 예배 즉 대면 예배에 대한 새로운 해석의 국면을 불어오게 되었다. 논쟁의 화두는 그동안 교회가 견지해온 대면 예배와 비대면 예배(온라인)에 대한 '긍정적 허용'이라는 대응에서 그동안 금기했던 온라인 예배도 '하나님께서 받으시는 예배다.'라는 입장을 밝혔다. '온라인 예배 허용'이라는 자가당착(自家撞着)에 한계를 드러냈다.

21세기 전 세계적인 추세로 무신론자의 증가와 맞물려 한국 기독교 인구 감소와 탈(脫) 기독교, 탈(脫) 교회 현상의 증가를 들 수 있다. 한국교회 내에 일어나고 있는 이탈 현상은 '가나안 성도' 증가와 아울러 '플러팅 성도'의 출현이라 하겠다. '가나안 성도'는 21세기에 들어오면서 꾸준히 증가하고 있을 뿐만 아니라 '플러팅 성도'는 포스트 팬데믹 이후 점진적으로 확산하고 있다.

포스트 팬데믹(COVID-19)으로 인해 자유로운 신앙패턴을 가지게 된 사람들을 '플로팅 크리스천'이라고 명명한다. 플로팅(floating)은 '공중이나 물에 떠 있는, 떠도는, 유동적인'이라는 뜻을 가진 형용사이다. 즉 고정된 가치나 비율을 가지지 않고 계속해서 움직이고 변한다는 의미이다. 결국, 플로팅 크리스천(floating Christian)이란 기존의 한국 기독교 문화, 고정된 전통이나 가치, 특정한 교리를 따르지 않고 자유롭게 신앙생활을 한다는 의미를 내포하는 것으로, 한국교회 안에 면면히 흐르고 있던 한국 크리스천들의 신앙적인 전통과 가치, 교리에서 벗어난 크리스천들을 말한다.[4]

'가나안 성도'나 '플로팅 성도'는 MZ세대(M세대1981년~1996년생, Z세대 1997년~2010년생)의 성향들을 대변하듯이 개인주의와 개성 주의가 맞물려 소속된 교회나 단체 없이 자유롭게 신앙생활을 하거나 누린다는 특징을 가지고 있다. '가나안 성도', '플러팅 성도'의 공통적인 특징은 교회의 개혁과 변화를 추구한다는 측면과 그 개혁과 변화를 교회 안에서 주창하기보다 교회 밖에서 그 영향력과 추동력을 강화한다는 특징을 가지고 있다.

교회의 공동체성 약화는 MZ 세대의 특징을 반영하는데 개별화(個別化)와 개인화(個人化) 현상이라고 할 수 있다. 지금까지 공동의 이익, 사회적 이익, 국가적 이익 성이 그동안 가치판단의 결정에 우선순위에 두었다면 앞으로는 공동체성, 공공성, 단체나 연합체의 이익, 조직과 연대의식이 결여될 것으로 전망된다. 이러한 현상은 시대적 상황과 특성에 맞물려 갈수록 교회의 공동체성이나 유기체성은 희박해질 것이다.

2024년 9월 목회 데이터 연구소 '한국 기독교 장래인구 추계(2050년까지)' 발표에 따르면 2024년 기독교 인구는 828만 명(16.2%)에서 2050년 560만 명(11.9%)으로 감소한다. 어린이 및 청소년 기독교 인구는 2024년 현재 122만 명(14.7%)에서 2050년 70만 명(12.5%)으로 57% 감소하며 3040세대 2024년 215만 명(26%)에서 2050년 94(16.7%) 만 명으로 43% 급격히 감소한다. 4050세대는 2024년 252만 명(30.4%) 2050년 150만 명(26.9%)으로 40% 감소한다. 60대 이상 기독교 인구는 2024년 현재 240만 명(28.9%) 2050년 246만 명(43.9%)으로 28.9%의 꾸준한 증가 추세를 보일 것으로 전망했다.[5] 이처럼 한국 기독교 미래 인구 지표가 점진적 하향화됨을 데이터를 기반으로 예측할 수 있다.

2024년 3월 행정안전부 인구통계 자료에 따르면 전국 1인 가구 수는 1002만 1413가구로 사상 처음 1000만 가구를 돌파했다. 전체 가구의 41.8%에 달한다. 1인 가구와 2인 가구(590만 9638)까지 더하면 전체의 66.4%에 달한다. 1인 가구의 증가와 경제활동인구 감소는 국가나 교회에도 부담될 수 있는 궁극적인 위험요소가 된다. 또한, 출생인구 감소는 국가 존립에 위협이 될 만한 치명적인 위험요소이다. 이러한 현상은 예측 가능한 데이터를 기반으로 대안을 수립할 수 있다.

또한, 경제활동인구 감소는 역으로 보면 일자리가 없거나 근로 의욕이 없다는 것인데 구직활동이나 취업 의지가 없다는 것을 의미한다. 단기 일자리로 수입이 불안정한 젊은 사람들이 1인 가구 대부분을 차지하거나, 독거노인, 경제활동을 통해 안정적인 수입을 가지고 있더라도 선택적 비혼(非婚)을 택하는 1인 가구도 있을 것이다. 또한, 신체적, 정신적 장애와 질병으로 돌봄을 받아야 할 1인 가구들이 존재한다. 이 밖에도 다양한 형태의 1인 가구는 지속적인 증가세를 보일 것이다.

1인 가구의 증가는 경제 소비 활동 패턴에 변화를 준다. 이들은 수입에 비례한 소비성향을 보이는데 최소주의(最小主義, Minimalism) 영향으로 미니멀 라이프 스타일(Minimal life style)을 통해 물질의 소비를 최소화하거나 단순화시켜 자신의 일상의 삶에 집중을 극대화하는 삶의 방식을 지향한다. 이와는 반대로 최대주의(最大主意, Maximalism)를 추구하는 방식으로 맥시멀 라이프 스타일(Maximal life style)이 있다. 이들의 소비패턴은 물질의 소비를 최대화하거나 복합화하여 새로운 연출을 추구하는 삶의 방식에서 화려함과 개인적 취향을 소비를 통해 충족시킨다. 1인 가구와 어긋나지만 공존하는 삶의 방식(life style)은 소비의 양극화 현상으로 나타난다. 고가의 명품, 대형을 추구하거나 저가의 상품, 소형을 추구하는 실용적 소비형태로 나타난다. 이 모든 중심에는 소득과 가치추구의 방식의 차이에서 분기(分岐)된다.

또한 중앙정부의 지원이 없이는 생계가 곤란한 계층의 증가는 교회에도 큰 부담의 요인이 된다. 따라서 고령화, 저출산, 경제활동인구 감소는 종교 활동 인구 감소로 이어지고 교회의 재정수입에 직접적인 영향을 주게 된다. 국가와 교회가 당장 직면해야 할 문제는 공동화 현상이다. 공동화 현상은 일정 기간 거주했던 사람들이 없어지고 그 자리가 채워지지 않는 것을 말한다. 수도권이나 지방 도시의 소멸로 이어지거나 인구 대비 통합되는 도시들이 늘어날 것이다. 이러한 공동화 현상은 정부의 정책 기조에 영향을 직접 주게 된다.

따라서 지방이 소멸하고 도시의 공동화는 국가 존립에까지 그 영향을 줄 수 있다. 이러한 가운데 교회는 국가사회 단체가 아니기에 종교단체 특히 기독교는 정부로부터 그 어떤 재정적, 제도적, 행정적 도움을 받기가 어렵다. 그러므로 교회는 자구책을 마련할 뿐만 아니라 시대 흐름에 민첩하고 영민하게 대처해야 한다.

❖ 한민족 디아스포라(korean diaspora)의 선교적 재발견

디아스포라(διασπορα´, Diaspora)는 일상적인 용어가 아니므로 일반인들이 이해하기 쉬운 개념이 아니다. 우리말로는 민족분산(民族分散) 또는 민족이산(民族離散)으로 번역하는데, 단지 같은 민족 구성원들이 세계 여러 지역에 흩어지는 과정뿐만 아니라 분산한 동족들과 그들이 거주하는 장소와 공동체를 가리키기도 한다. 어원적으로 디아스포라는 그리스어 전치사 dia(영어 'over', 우리말로 '~를 넘어')와 동사 spero (영어로 'to sow', 우리말로 '뿌리다')에서 유래되었다.[6]

더 구체적으로 헬라어 $\delta\iota\alpha\sigma\pi o\rho\alpha'$는 말은 '$\delta\iota\alpha''$, '~을 통하여' (through)를 뜻하는 '디아($\delta\iota\alpha'$)'와 '씨를 뿌리다'를 뜻하는 동사 '스페이로($\sigma\pi\varepsilon'\iota\rho\omega$, to sow, scatter)'가 합성된 단어이다. 따라서 디아스포라는 '흩어서 뿌려진 씨앗들을 통해'라는 뜻으로 정리될 수 있다. 한민족 디아스포라와 한민족 크리스천 디아스포라로 구분 지을 필요성이 있다. 한민족과 디아스포라의 범주에는 모든 종교적 배경을 가지고 있는 모든 디아스포라가 포함되지만, 기독교 신앙을 가진 한민족 크리스천 디아스포라로 정리될 수 있다. 본 글에서는 후자를 통칭하여 사용한다.

성경에서 '디아스포라'라는 단어를 사용할 때는 '흩어짐' 또는 '포로 됨'의 의미로 사용된다. 어떤 때는 민족을 흩으실 때 사용되고, 이스라엘 민족이 포로 되었을 때도 '디아스포라'라는 단어로 표현한다. 즉 흩으심과 포로 됨, 모두 디아스포라 현상을 보여주는 표현이 된다.[7] 특히 신·구약 성경에는 디아스포라와 관계하여 인물, 민족, 사건들이 많은 부분을 차지고 있다. 그래서 하나님의 구속 역사는 디아스포라의 역사라고 해도 과언이 아니다. 이스라엘 민족을 흩으셨을 뿐만 아니라 이스라엘을 통한 세계선교는 디아스포라를 통해서 오늘날도 구현되고 있다.

한민족 디아스포라의 역사를 간략하게 기술하면 한민족 분산(分散)을 크게 네 시기로 구분할 수 있다. 첫 번째 시기는 1860년대부터 1910년(경술국치가 일어난 해)까지인데, 이 시기에는 구한말의 농민, 노동자들이 기근, 빈곤, 압정을 피해서 국경을 넘어, 중국, 러시아, 하와이로 이주하였다. 두 번째 시기는 1910년부터 1945년(한국이 일본 신민 통치로부터 독립한 해)까지인데 이 시기에는 일제 통치 시기에 토지와 생산수단을 빼앗긴 농민과 독립운동가들이 중국, 러시아, 미국으로 건너가 독립운동을 전개하기도 하였다. 세 번째 시기는 1945년부터 1962년(남한 정부가 이민정책을 처음으로 수립한 해)까지인데 이 시기에는 한국전쟁 전후해서 발생한 전쟁 고아, 미군과 결혼한 여성, 혼혈아, 학생 등이 입양, 가족 재회, 유학 등의 목적으로 미국 또는 캐나다로 이주하였다. 네 번째 시기는 1962년부터 현재까지인데 이때부터 정착을 목적으로 한 이민이 시작되었다.

중국, 일본, 독립국가연합을 제외한 대부분의 재외한인 이민자와 그 후손은 이 시기에 이주하여 정착한 사람들이다. 이렇듯 코리안 디아스포라는 아직 끝나지 않은 현재 진행되고 있는 현상이며 계속해서 국내·외의 정치, 경제, 사회 변화 때문에 크게 영향을 받으면서 진행될 것이다.

디아스포라의 공통적인 속성들을 다섯 가지로 살펴보면 첫째, 한 기원지로부터 많은 사람이 두 개 이상의 외국으로 분산한 것, 둘째, 정치적, 경제적, 기타 압박 요인에 의하여 비자발적이고 강제적으로 모국을 떠난 것, 셋째, 고유한 민족 문화와 정체성을 유지하고 노력하는 것, 넷째, 다른 나라에 사는 동족에 대해 애착과 연대감을 느끼고 서로 교류하고 소통하기 위한 초국적 네트워크를 만들려고 노력하는 것, 다섯째, 모국과 유대를 지키려고 노력하는 것이라고 할 수 있다.

초창기 로잔 운동 내에서 디아스포라를 주장한 사람은 톰 휴스턴(Tom Houston)과 사무엘 에스코바르(Samuel Escobar)이다. 복음주의 선교학자인 에녹 완(Enoch Wan)과 사디리 티라(Sadiri Joy Tira)는 '선교하는 디아스포라'와 '디아스포라 선교학'의 정의를 도입했다. 이들은 선교하는 디아스포라를 "개인 직업이나 속한 교단과 상관없이 지상명령을 수행하는 일에 활발히 참여하거나 활동하는 흩어진 민족 집단"이라고 정의했다. 이에 따라 디아스포라 선교학은 "지리적으로 흩어진 디아스포라 그룹 현상의 선교학적 연구 및 하나님 나라를 위해 모이는 전략"이라 정의했다.[8]

2002년 6월, 미국 선교학회 연례총회가 '기독교 선교를 위한 이주의 도전과 과제'라는 주제로 열렸고, 그 과정을 「미시올로지(Missiology)」라는 잡지를 펴냈다. 선교학자들이 이미 배치된 '하나님 나라의 사역자'로서 디아스포라 크리스천의 거대한 잠재력을 인지하기 시작하였다.

2009년 11월 대한민국 서울의 횃불트리니티신학대학원대학교가 주최한 로잔 디아스포라 교육가 '컨설테이션'에서는 선교학을 위한 서울 선언을 채택하였다. 서울 선언은 디아스포라 선교학을 "조국과 고향을 떠나 사는 사람들 사이에서의 하나님의 구속적 사역을 이해하고 그 일에 참여하기 위한 하나의 선교학적 틀"이라고 정의했다.

21세기에 들어 한민족 디아스포라 선교(korean diaspora mission)가 대두되는 이유는 그동안 디아스포라에 대한 재외 동포 개념이라는 측면에서 재외국민 체류 현황, 국제협력 및 교류, 타문화, 한민족이라는 상황적인 이해를 넘어서지 못했기 때문이다. 특히 기독교를 포함한 종교 활동을 주목적으로 하는 재외 동포에 관한 연구가 활발하게 이루어져야 한다. 한민족 디아스포라가 선교적 재발견이라고 할 때 근래에 들어와 그 선교적 가치가 재해석되기 때문이다. 한민족 디아스포라는 근대사에 전 세계 곳곳에 존재해 왔으며 근래에 그 영향을 발휘하고 있다.

초창기 재외동포는 적은 수에 지나지 않았지만 1989년 1월 1일 해외여행 전면자유화 정책을 시행함에 따라 많은 사람이 세계화의 물결 속에 해외여행, 연수, 유학, 견학, 산업 시찰, 교육을 목적으로 하거나, 사업을 위한 출국이 이어졌다. 이러한 해외 열풍은 전 분야에 걸쳐 대중화되어 스포츠, 농어촌, 임업, 철강, IT, 군수, 취업, 결혼, 우주 분야의 선진문화 경험은 재외동포의 증가로 이어지기에 충분한 동기를 부여한 정책이라 할 수 있다.

한민족 디아스포라는 근대사의 시대적 상황에서 어쩔 수 없이 비자발적 강제 이주라는 아픔을 가지고 있지만 국가 경제발전을 위한 '희생적 이주'라 할 수 있다. 21세기에 들어 비자발적 강제 이주는 사라지고 자발적 이주가 본격적으로 일어난다. 1세대 강제 이주자들이 현지에서 자리를 잡아 가족을 초청하거나 이주를 권하는 형태가 된다. 교육의 붐을 타고 해외 유학이라는 유학 이주가 일어나 현지에 정착하여 한민족의 우수한 기량을 인정받아 국가 사회의 일원으로 환영받게 된다. 이러한 인재가 된 한민족 디아스포라는 글로벌 시대에 국제사회를 위해 공헌하기에 부족함이 없는 민족으로 주목받고 있다.

한국교회와 선교단체는 그동안 전통적인 선교의 방식의 한계성을 넘어서지 못하는 가운데 임시적인 자구책만 마련하고 있었다. 이전에도 있었고 지금도 있었지만, 그 가치와 의미를 알지 못한 채 잊고 있었던 한민족 디아스포라 선교는 이제 와 그 가치와 의미를 재조명되어 통전적 선교의 자원으로 부상하고 있다.

필자는 이러한 한민족 디아스포라 즉 한민족 크리스천 디아스포라를 재정의하면 "고국을 떠나 복음을 가지고 이미 그곳에 거주하고 있는 하나님 나라 확장과 선교 완성을 위한 자발적이고 잠재적인 선교사이다"라고 할 수 있다. 이들은 비자발적이든, 자발적이든 상관없이 하나님 나라 확장과 선교 완성을 위하여 지리적, 사회적, 위치적, 인종적, 직업적인 한계를 뛰어넘어 현지에 최적화된 하나님 백성의 선교사로서 헌신할 수 있는 잠재적 선교사들이다. 지금까지 잊힌 존재, 재외 동포, 이런저런 이유에서 해외에 거주는 사람들로 치부되어 이방인처럼 생각되어 왔지만, 이제는 통전적 선교의 무한한 가치를 한민족 크리스천 디아스포라 선교에서 그 답을 찾아야 한다.

한민족 디아스포라는 하나님의 백성으로서 복음을 들고 가는 곳마다 교회를 세우고, 학교를 세워 선진 교육으로 인재 양성을 통해 다음 세대를 조국과 국제사회에 공헌할 수 있는 기독교 인재로 양성하고 있다. 한민족 디아스포라 중심에는 한인교회가 구심점과 가교가 되어 한민족 재외 동포들의 권익을 도모했으며 인권 신장에 앞장서고 있다. 믿음과 교회를 중심으로 하여 고국을 떠나 타국에서 이방인으로 복음을 들고 믿음으로 살았던 이주 1세대 크리스천 디아스포라의 숨은 헌신이 있었기 때문이다. 한민족 디아스포라 선교는 이미 있었지만, 오늘에 비로소 선교적 의미와 가치의 소중한 자원임을 재평가되고 재발견되었다. 이미 그곳에, 그 문화, 그 언어, 현지화된 하나님 백성들이 존재하고 있었지만 이제야 이들의 가치와 진가를 재발견한 것이다.

15세기 콜럼버스(Christopher Columbus)가 신대륙을 발견한 것과 16세기 코페르니쿠스의 혁명(Copernican Revolution)의 지동설 주장과 발견, 15세기 영국의 금속활자 인쇄술의 혁명을 불러왔던 요하네스 구텐베르크(Johannes Gensfleisch)의 발견, 기원전 3세기 인물인 아르키메데스(Archimedes)가 목욕탕에서 외친 '유레카!'(εύρηκα)가 21세기 통전적 선교의 '유레카! 찾았다!' 드디어 하나님 나라 확장과 선교 완성을 위한 재발견이라 할 수 있다.

답보 상태에 있었던 복음 통일과 세계 선교의 중심으로 급부상하고 있는 한민족 크리스첸 디아스포라 선교의 잠재력이 이제야 비로소 빛을 발할 수 있게 되었다. 하나님께서 열방으로 앞서 보내신 흩어 뿌려진 복음의 씨앗들이다. 마지막 때를 위하여 땅끝에 남겨놓은 천국 복음의 종자(種子, seed) 들이다.

❖ 한민족 디아스포라의 무한한 선교자원 계발

한민족 디아스포라는 전통적 선교의 한계를 통전적 선교의 새로운 패러다임을 바꿀수 있는 무한한 발전 가능성과 선교 자원이기 때문이다. 외교부 2024년 한인 재외 동포현황 집계에 따르면 193개국에 7,081,510명이 해외에 거주하고 있을 뿐만 아니라 재외 동포는 해마다 증가하는 증가세를 보이다가 팬데믹 기간에는 소폭 감소했다. 2021년도 대비 증강률은 -3.33%로 2023년도 집계에 감소한 것으로 나타났다. 하지만 한인 재외 동포 증가세는 포스트 팬데믹 이후 매해 점진적인 증가 추세가 될 것으로 전망된다.

1974년 로잔 선언(The Lausanne Covenant)을 통해 복음주의를 바탕으로 한 세계선교 정책을 천명했고, 그로 인해 선교의 패러다임은 또 한 번의 커다란 변화를 맞이한다. 로잔 선언 당시 세계선교 개념을 제3세계까지 확대했다. 땅끝까지 이르러 복음의 증인이 되기 위한 의지와도 같았다. 로잔 선언을 통해 선교의 패러다임이 '세계 복음화'에서 '미전도 종족 선교'로 바뀌게 되었다. 이전까지는 지역을 중심으로 복음을 전했던 것에서 탈피하여 복음을 한 번도 듣지 못한 사람들의 집단 즉 미전도 종족을 위한 선교로 그

대상을 확장 시켰다.

세계선교는 이 미전도 종족 선교와 함께 다양한 민족 중심의 선교 도구들을 사용하고 있다. 그렇게 오늘에 이르렀지만, 이 선교의 방법에도 문제점이 없을 수는 없다. 오늘날 세계선교에 있어 가장 큰 문제점은 이미 서구 교회가 겪었던 선교의 과부하가 교회 쇠퇴로 이어졌고 그것이 재현될 수 있다는 것이다.[9]

한민족 디아스포라는 선교지에 최적화된 선교자원이기 때문에 문화 적응의 시간과 재정을 단축할 수 있을 뿐만 아니라 사회적 관계 네트워크를 형성하고 있다. 이들은 선교지에 태어나 그곳의 언어에 능통하고 문화와 풍습과 습관에 이미 익숙하여 현지 선교에 아무런 제약이 없는 한민족 디아스포라 후손들이야말로 현지 선교사로서 가장 필요한 인재이기 때문이다.[10]

하나님의 디아스포라를 통한 계획은 한곳에 머물러 부패하는 것이 아니었다. 하나님의 역사는 명령하신 땅에서 목적의 성취 뒤에는 또 다른 흩으심으로 이어가셨다. 이방 나라에 선지자로 세우신 한민족 디아스포라에 대한 하나님의 계획은 이방인으로서 때로는 성공적인 삶을 통해, 때로는 복음의 명맥을 유지한 겸손한 삶을 통해, 고난과 역경을 씩씩하게 이겨내는 풀뿌리와 같은 모습을 통해, 이방과 조국을 향한 선한 행실을 통해 덕을 선전하게 하셨다. 그러한 덕을 선전하게 하심으로 지금의 시대, 새로운 선교의 패러다임의 시대를 준비하신 것이다.[11]

> 그날에 예루살렘에 있는 교회에 큰 박해가 있어 사도 외에는 다 유대와 사마리아 모든 땅으로 흩어지니라.
> On that day a great persecution broke out against the church at Jerusalem, and all except the apostles were scattered throughout Judea and Samaria. (사도행전 8장 1절, NIV)

한민족 디아스포라가 21세기 선교를 주도해나갈 민족으로 한민족인 이유는 다음과 같다. 이스라엘 민족을 선택하신 것과 별반 다르지 않다. 세계적으로 볼 때 면적도 아주 작은 나라, 게다가 그마저 이념의 대립으로 나누어져 늘 전쟁의 위험을 안고 있는 나라, 위험과 대치 상황에 있는 나라가 우리나라다. 또한, 동방의 이스라엘로 불리며 복음의 씨앗을 심은 이들이 있었고, 영적 대각성을 통해 회심도 했으며 그 열정을 이어가고 있다.

한민족 디아스포라 이주 역사를 보면 때로는 기근을 피해, 때로는 강제 이주를 통해, 때로는 필요 때문에 민족을 다른 지역으로 흩으셨지만, 그 속에는 복음의 씨앗을 품고 나가게 하신 섭리가 있었다. 그래서 거주하게 된 땅에서 교회를 세우고 예배 공동체를 이어가게 하시는 등 복음의 텃밭을 가꾸게 하셨다.[12]

지리적으로 보면 1974년 로잔대회에서 주창한 "10/40 Window" 위치에서 보면 대한민국이 지리적으로 중요한 위치를 점하고 있다. 전 세계적으로 비기독교인들이 많은 나라가 북위 10도에서 40도 사이에 집중되어 있다. 북아메리카에서부터 중국에 이르기까지 이 범주에 포함된다. 대한민국은 인접 국가로서 한반도가 "10/40 Window" 선교에 있어 교두보 역할을 할 수 있는 중요한 위치에 있다.

그러므로 한민족 디아스포라 선교 동력은 선교 비자(visa)도, 선교 단체가 후원하는 국제 이주도 필요로 하지 않는다. 더욱이 하나님 나라 디아스포라 선교는 정치적 제한도 받지 않고, '닫힌 문'도 거의 없다. 마지막으로, 하나님 나라 디아스포라 사역은 혼자 살아남지 않아도 되며, 협력 네트워크와 파트너십으로 존속할 것이다.[13]

따라서 한민족 디아스포라는 현지 적응력과 역사의 아픔에서 형성된 포용력, 친화력, 단결력을 바탕으로 세계선교를 가장 효과적으로 감당할 무한한 발전 가능성과 선교 자원 민족임을 부인할 수 없다. 21세기 한민족 디아스포라는 이 시대에 꼭 맞는 무한한 선교자원일 뿐만 아니라 계발시켜 나간다면 가장 효과적이고 실제적인 하나님 나라 확장과 선교 완성을 위한 대안과 선교 전략이 될 것이다.

오늘 우리에게는 두 가지 명령이 상존한다. 에덴동산에서 주어졌던 문화 명령과 예수 그리스도의 대위임명령인 선교 명령이다. 하나님의 나라는 예수 그리스도의 십자가의 죽으심과 부활 그리고 재림이라는 역사의 시간을 지나 성취된다. 하나님의 나라의 핵심은 '십자가의 복음'이다. "보라 지금은 은혜받을 만한 때요, 구원의 날이다." 하나님이 허락하신 지금, 하나님의 열망이 우리의 열망이기를 소원한다.

> 그 흩어진 사람들이 두루 다니며 복음의 말씀을 전할새.
> Those who had been scattered preached the word wherever they went. (사도행전 8장 4절, NIV)

일 립
A SINGLE SEED

당년에 거두려거든 곡초를 심고
If you want to reap one year, sow grain

십년에 거두려거든 나무를 심고
If you want to reap in ten years, plant a tree

백년에 거두려거든 사람을 심고
If you want to reap in a hundred years, sow a man

영원히 거두려거든 복음으로 심으라[14]
If you want to reap forever, sow with the gospel.

참고자료

1. www.kehcnews.co.kr
2. www.dnews.co.kr
3. www.chdaily.tistory.com
4. www.mhdata.or.kr
5. 지용근 외, 『한국교회 트렌드 2023』. 서울: 규장, 2022.
6. 윤인진, 『코리안 디아스포라』. 서울: 고려대학교 출판부, 2005.
7. 김상복, 『한민족 디아스포라의 세계선교 비전』. 서울: 기독교선교횃불재단, 2014.
8. Sadiri Joy Tira, Tetsunao Yamamori, 『A Compendium of Diaspora Missionary』, 문창선 역, 『디아스포라 선교학』. 안양: 더메이커, 2018.
9. 이형자, 『한민족 디아스포라 행전』. 서울: 선교 횃불, 2016.
10. ___ , 『한민족 디아스포라』. 서울: 선교 횃불, 2016.
11. ___ , 『한민족 디아스포라』.
12. ___ , 『한민족 디아스포라 행전』.
13. Sadiri Joy Tira, Tetsunao Yamamori. 『A Compendium of Diaspora Missionary』.
14. 일립(一粒)은 고(故) 강태국 박사의 호(號)이며 한국성서대학교의 학훈이다.

■ 에필로그 ■

'땅끝 거인'이란 땅끝에서 복음으로 살아가는 사람들을 의미한다. 신체적인 거인이 아닌 세상에서 가장 초라하고 보잘것없는 미미한 존재 같지만, 하나님 나라의 영적 거인이 되어 모든 나라와 민족을 품고 책임지는 위대한 사람이다. 이들의 생생한 선교 이야기를 과장 없이 담백하게 담았다. 역사는 기록으로 남는다. 누가 기록할 것인가? 다들 바쁘다. 누구라도 해야 할 일이기에 "내가 하자"고 마음먹었다. 현역으로 뛰고 있는 선교사님들의 생생한 선교 이야기를 남기는 것만으로도 의미 있는 일이다. 하나님의 역사에 우리는 디딤돌과 같은 작은 부분을 감당하면 된다.

요즘 들어 기독교와 교회의 위기라고 말들 한다. 위기를 기회로 만들 능력이 바로 '십자가의 복음'이다. 우리가 모르는 전 세계 곳곳에 남겨지고 드러나지 않은 '땅끝 거인', '땅끝 의인'들이 존재하고 있다. 엘리야 선지자는 '나 홀로' 사명자처럼 느꼈지만, 엄연히 '바알에게 무릎 꿇지 않은 의인 7000'명이 남아 있었다. 하나님은 오늘도 좁은 길을 걸어가는 이들의 순종과 헌신을 통하여 일하고 계신다. 이 땅끝에는 부르신 목회자, 보내신 선교사, 세워진 교회들, 삶의 모든 영역으로 흩어진 하나님의 백성들이 존재한다. 존재하는 것들에는 이유가 있다. 존재해야 할 이유가 있기에 하찮은 미물이라도 각자의 몫을 감당하여 이 세상은 유지되고 돌아간다. 오늘도 각자의 자리에서 묵묵히 복음의 몫을 감당하며 살아가는 '땅끝 거인'들의 존재이유가 된다.

'땅끝 거인'은 누구나 될 수 있다. 소극적인 것이 가장 비참하다. 좋은 상황이나 조건을 기다리면 좋은 때는 영원히 오지 않을뿐더러 우리는 아무일도 하지 못 한다. 그리고 우리 생에 '아무 일도 없었더라'로 끝날 수 있다. 복음서에 등장하는 이적을 체험한 사람들의 공통점이 있다. 예수님의 말씀에 즉시로 믿음으로 반응하고 순종한다. 믿음으로 즉각적으로 순종한 사람들이 하나님 나라의 '땅끝 거인'으로 살 수 있다. 땅끝이 어디인가? 복음이 없는 곳, 예수 그리스도가 없는 곳이다. 전도자가 없는 곳이 땅끝이다. 오늘 내가 서 있는 곳, 거주하는 곳, 일하는 곳이 땅끝이다. 모든 나라와 민족들이 흩어져 살아가는 글로벌한 시대에 복음의 증인이 되어 살아간다면 하나님 나라 확장과 선교는 완성될 것이다.

바쁜 선교사역을 감당하시는 선교사님들이 원고를 정리하고 자료를 보내주신 노고에 다시 한번 감사를 드린다. 아무쪼록 선교사님들의 삶에 역사하신 그 살아계신 하나님이 오늘 우리의 삶의 현장에서 살아 역사하시는 하나님이시기를 기대하며 책을 읽는 모든 이들에게 '땅끝 거인'의 생기가 일어나기를 소원한다.

끝으로, '땅끝 거인'의 선교 이야기 끝에 선교사님들과의 지속적인 교제를 위한 대화의 채널을 열어놓았다. 여러분 한분 한분이 '땅끝 거인'이 되어 함께 동역의 마음으로 기도와 사랑 그리고 성원을 부탁드리고 싶다. 하나님의 선교는 우리를 통해 땅끝에서 끝날까지 계속될 것이다. 함께하면 쉬워지고, 감사는 두 배가 된다. 이 위대한 선교의 부르심에 '땅끝 거인'이 되는 열망들이 불타오르기를 기대하며 축복한다.

땅끝 거인의 길

일어나기 위해 넘어지고
일어나기 위해 쓰러지고
일어나기 위해 밀치 우셨네

아무도 가지 않은 그 길을 주님 홀로 걸어가며
밤을 맞도록 익숙한 사람들의 낯을 피하여
때로는 새벽 미명에, 때로는 한적한 광야에서
가야 할 그 길을 물으셨네

늘 북적이는 사람들 사이에서도
수많은 도전과 위협에서도
주님은 홀로 걸어가며
가야 할 그 길을 물으셨네

있어야 할 곳
떠나야 할 시간
끝 내야 할 그때를 위하여
주님은 홀로 그 길을 걸어가네

제자들도, 사람들도, 군중들도
그 길을 따라가지만
함께 갈 수 없기에
주님은 홀로 걸어가며
끝까지 가야 할 그 길을 물으셨네

아무도 가려 하지 않는 그 길을
주님은 아버지와 함께 걸어가며
영원한 그 길에서 하늘을 보시네
다시 오실 그 길에서 그리운 땅을 보시네

그의 길을 땅끝 거인이 되어
세상에 뿌려진 복음의 씨앗 되어
성령의 바람으로 세상에 흩날리네

* '땅끝 거인의 길'은 최종오 목사의 시작(詩作)이다.